周恩来 鄧穎超と池田大作

孔繁豊・紀亜光
高橋 強 編訳

第三文明社

周恩来総理と池田大作会長・香峯子夫人（1974年12月5日）

第７次訪中の折、鄧穎超氏の自宅を訪れ会見する池田会長夫妻（1990 年５月）

鄧穎超氏から池田会長に贈られた周恩来総理愛用の「象牙のペーパーナイフ」

鄧穎超氏愛用の「玉製の筆立て」も贈られた

創価大学構内の「周夫婦桜」　© Seikyo Shimbun

周恩来・鄧穎超と池田大作

目次

本書は、孔繁豊・紀亜光著『周恩来、鄧穎超与池田大作』（南開大学出版社発行、二〇一一年四月刊）の抄訳に、編訳者が補足の章を加えて構成したものである。

装幀／香月さよ子
本文レイアウト／安藤　聡

周恩来（一八九八～一九七六）　江蘇省《こうそしょう》出身。中国の政治家。一九一九年、日本留学から帰国した際、反帝国主義を掲げた五・四運動が起こり、天津《てんしん》の運動を指導。フランス、ドイツ留学中に中国共産党に入党。一九三六年、西安《せいあん》事件の際、国民党の蔣介石《しょうかいせき》を説得し、抗日民族統一戦線を組む。四九年以降、政務院（国務院）総理と外交部長を兼任し、内政と外交の両面で活躍。七二年、日中国交正常化を実現。「人民の宰相《さいしょう》」として国民から尊敬を集めた。

鄧穎超（一九〇四～九二）　広西省《こうせいしょう》出身。中国の政治家。周恩来夫人。天津の直隷《ちょくれい》第一女子師範学校に在学中、五・四運動が起こり、周恩来が主宰する覚悟社に入る。教職を経て、女性解放運動・愛国運動を展開。二五年、周恩来と結婚。中国共産党の女性リーダーとして活躍し、女性の地位向上のために尽力。全国人民代表大会常務委員会副委員長、全国政治協商会議主席等の要職を務める。多くの民衆から〝鄧大姐《とうダージエ》〟（鄧お姉さん）と呼ばれて親しまれた。

池田大作（一九二八～）　東京都生まれ。創価学会名誉会長。創価学会インタナショナル（ＳＧＩ）会長。創価大学、創価学園、民主音楽協会、東京富士美術館等を設立。モスクワ大学、グラスゴー大学、北京大学、清華大学、デリー大学、デンバー大学、シドニー大学等から、三〇〇を超える名誉博士、名誉教授等の称号を受ける。著書に小説『人間革命』『新・人間革命』のほか、『二十一世紀への対話』（Ａ・Ｊ・トインビー）など、世界の知性との対談集多数。

第一章　中日友好の未来を拓いた周・池田会見[1]

（孔繁豊・紀亜光）

一期一会《いちごいちえ》の会見

立ったまま出迎えてくれた周総理

その歴史的会見は、一九七四年十二月五日、午後九時五十分から午後十時二十分にかけて、池田大作創価学会会長（当時）の第二次訪中のさなか、北京《ペキン》の三〇五病院で行われた。周恩来《しゅうおんらい》総理との会見当日の午前中に池田会長は鄧小平《とうしょうへい》副総理と会い、日中平和友好条約の締結《ていけつ》問題、中国女性代表団の日本訪問や世々代々にわたる民衆交流等について意見の交換をした。

その際、池田会長は周総理へのお見舞いの伝言を託し、周総理の病状について尋ねた。周総理は最近五カ月余りは病院で過ごしており、病状は重く、重要問題だけ報告し、健康状態がいい時だけ指示を仰《あお》いでいる等の説明が鄧副総理からなされた。

周総理と池田会長および訪中団一行との会見が伝えられたのは、夜の答礼宴《とうれいえん》の席上であった。答礼宴は、午後六時四十五分から始まっていた。[2]

中日友好協会の廖承志《りょうしょうし》会長から周総理との会見が伝えられた。池田会長は周総理の病状がかなり重いと聞いていたため、「いや、いけません。お体にさわります。私は行くわけにはいきません。お心だけ、ありがたく頂戴します」と、いったんは辞退したが、会見が周総理の強い希望によるものであると知り、せめて短時間にしてほしいと申し出て、会見に臨むことにした。

会見の実施の正式な決定が、いつの時点でなされたのかは不明である。しかし、（後述の周総理の発言から）鄧副総理との会見の後と推測できる。会見の通訳をした林麗韞《りんれいうん》氏の話によると、当日の夕方、ホテルに入り、待機し始めたそうである。

池田会長夫妻を乗せた車は宿舎の北京飯店を出発し、（池田会長は後で知ることになるのであるが）会見場所である三〇五病院に到着した。厳寒の北京の冬、しかも夜遅くにもかかわらず、周総理は玄関で立ったまま出迎えてくれた。

中日両国人民の友好関係の発展は必要——周総理

周総理は池田会長の手を握りしめながら、次のように語った。

「よくいらっしゃいました。池田先生とは、どうしても、お会いしたいと思っていました。お会いできて本当にうれしいです」

その後、周総理は代表団一行との記念撮影を行った。この写真は、翌十二月六日の『人民日報』第一面に、「周総理、池田大作会長等日本の友人と会見」との見出しと共に掲載された。

周総理が疲れないようにとの配慮から、会見に臨んだのは、池田会長と香峯子《かねこ》夫人、中国側は中日友好協会の廖承志《りょうしょうし》会長、孫平化《そんへいか》秘書長と通訳の林麗韞《りんれいうん》氏のみであった。

周総理は開口一番、「二度目の訪中ですね。六月に来られた時は、私の病気がひどい時分でお会いできませんでしたが、病気も快方に向かっており、会えて本当にうれしい」と語った。これに対して、池田会長は療養中の訪問を詫《わ》びた。

しかし、周総理は自身の病気については意に介《かい》することなく、話題を中日友好に転じ、次のように述べた。

周恩来総理と池田大作会長の歴史的会見（1974年12月5日、北京）

「池田会長は中日両国人民の友好関係の発展はどんなことをしても必要であることを何度も提唱されている。そのことが私にはとてもうれしい。

創価学会と公明党がその目標に向かって積極的に取り組んでおられるが、私たちが共にいだく願望に合致《がっち》しています。中日友好が今日まで発展できたのは、私たち双方《そうほう》の努力の成果であり、そして、私たちは、その努力をこれからも続けていくよう希望します」と。

今日は歴史的意義のある日――池田会長

さらに周総理は、中国側としては中

日平和友好条約の早期締結《ていけつ》を強く希望すると表明（このことは七二年の中日共同声明に記された）、その際、周総理は、中日国交回復と友好発展の促進に努力した公明党訪中団について、池田会長に感謝した。

会見の席上、池田会長は「中国のためだけではなく、世界のためにも、どうかお体をお大事に」「周総理、絶対にお体をご自愛《じあい》ください」と繰り返し話した。

周総理はその好意に感謝しつつも、中国と世界の状況と将来について言及。次のように述べた。

「今の中国は、まだ経済的に豊かではありません。

しかし将来中国が経済的に発展し、強大になったとしても、決して超大国にはなりません。

二十世紀の最後の二十五年間は、世界にとって最も大事な時期です。すべての国が平等な立場で助け合わなければなりません」と。

会見の中で、周総理は青年時代に日本に留学した時の様子を思い起こしながら、帰国してすでに五十五年が過ぎたこと、一九一九年春、桜の咲くころ（中国に）帰国したこと等を語った。池田会長が「総理、桜の咲くころに、ぜひ、もう一度、日本に来てください」と語ると、周総理は「願望はありますが、実現は無理でしょう」と述べた。

池田会長は、周総理の体調を心配し、自分から積極的に話をすることを避けた。何度も腕時計を見ながら、会見に同席した廖承志《りょうしょうし》会長に目配《めくば》せしたが、そのたびに「まだいい、まだいい」と合図を返されてしまった。結局、会見は約三十分に及んだ。池田会長は、周総理が会見のために時間をさいてくれたことに、深く感謝の意を表した。

周総理は会見終了後、池田会長夫妻および代表団一行と別れを告げ、わざわざ玄関まで見送ってくれた。池田会長は北京飯店に戻ってから、会見の感動をこのように述べたという。

「今日という日は、歴史的意義のある日となった。生涯忘れがたい一日となるだろう。鄧副総理との会見の後に、続けてすぐに周恩来総理が会見の機会を与えてくださったことは、すばらしいことであり、このうえなく光栄なことである」と。

池田会長および訪中団一行は、七四年に周総理が会見した最初の日本人となった。周総理はその年の六月に入院してから、日本の友人とは誰とも会見していなかった。

池田会長は、その日午前中に鄧副総理と会見した際に、周総理へのお土産《みやげ》として「萩《はぎ》と御所車《ごしょぐるま》」という名の日本画を贈った。周総理は大変に喜び、それまで病室に掲げられていた日本版画「富士」と交換し、この画を掲げたという。そして日本版画「富士」を、感謝の意を込めた手紙とともに、その日のうちに国家文物局局長の王冶秋《おうやしゅう》氏に返却している。

手紙は以下の内容である。

「冶秋《やしゅう》同志

あなたの好意に感謝します。日本の版画は何度も拝見しました。今晩、池田大作氏より一幅《いっぷく》の絵をいただきましたので、あなたからの贈り物をお返しいたします。

私はまだ療養中ですが、状況はよくなっております、どうぞご安心を。

周恩来

一九七四、一二、五」

池田会長の周総理への深い思いは、翌年七五年四月の第三次訪中の際にも留《とど》められた。池田会長は、鄧副総理との会見の席上で周総理への贈り物の絵画「桜」に、次の言葉を添えて託している。

「一九七四年十二月五日に周総理と会見した時、総理が桜が満開のころ日本を離れたとおっしゃられたことを、私は忘れることはできません。ですから、お願いしてこの桜の絵を描いてもらい、お持ちしたのです」

周総理はこの翌年七六年一月八日、七十七年の生涯を終えた。周総理と池田会長の七四年十二月五日の会見は、「一期一会《いちごいちえ》の会見」となったのである。

南開大学「周恩来研究センター」初代所長の王永祥《おうえいしょう》教授は、この会見を高く評価し、次のように述べている。

「中日友好に情熱を燃やした人々にとって、七四年十二月五日の夜、周総理と池田会長が北京の三〇五病院で行った歴史的な会見の情景は、永遠に銘記《めいき》されるであろう。歴史を振り返ると、この重要な会見の意義は、依然として十分研究に値する重大な出来事である」と。

王教授は、歴史の視点から周・池田会見を分析。その主要な意義として以下の三点をあげている。

会見を「最重要事項」とみなした中国側

第一点目は、この会見が周総理の健康状態が大変に厳しい状況下で行われたということである。七四年六月一日、周総理は北京の三〇五病院に入院し、膀胱《ぼうこう》がんの二度の手術を行い、十二月になると体はますます衰弱《すいじゃく》していた。このような状況下にもかかわらず、周総理が池田会長との会見を希望したので、医師団は反対し「総理、もし、どうしても会見するとおっしゃるなら、命の保証はできません」と伝えたそうである。

しかし、周総理は「池田会長には、どんなことがあっても会わねばならない」と述べた。医師団は困った末、夫人の鄧穎超《とうえいちょう》氏のところに行き、夫人から周総理に、会見を断念するよう説得してほしいと頼《たの》んだ。鄧穎超氏は医師団の意に反して「恩来同志が、そこまで言うのなら、会見を許可してあげてください」と応じ、あの夜の会見が実現したのである。

会見が始まった後も、医師団は周総理の病状を憂慮して、一枚のメモを通訳の林麗韞《りんれいうん》氏に渡した。メモには「総理、そろそろお休みください」と書かれていた。林麗韞氏はそのメモを周総理に渡したが、周総理は手渡されたメモには目を通さず、池田会長との会見を続けたのである。

会見を撮影したカメラマン（于広華《うこうか》・現中華民族文化促進会副主席）は、当時の状況を次のように語っている。

「鮮明に覚えているのは総理の〝足〟です。病で腫《は》れあがっていました。革靴は履《は》けず、無理に黒い布製の靴を着用されていました。パンパンの足を見て、本当に心を痛めました。目立たないように、足もとの照明を暗くする工夫をしました」[3]と。

王教授は第一点目を次のように結んでいる。

「このことからも周総理と中国側は池田会長との会見を『最重要事項』とみなしたということがわかる。しかも、重病の身である周総理は、みずからの病気や健康への影響をかえりみず、あえてこの会見に臨まれた。この事実そのものが、『特別の意義』をもつ会見であったことを象徴している」と。

池田会長の提言が共同声明のベースになった

第二点目は、池田会長の中日友好への傑出《けっしゅつ》した貢献は、「最高レベル」のものであったということである。池田会長の貢献とは、一つは六八年九月八日、第十一回創価学会学生部総会で発表した「日中国交正常化提言」であり、もう一つは創価学会を母体とする公明党の対中政策に関して、適切な方向と発展への指針を明確に示してきたことである。

同提言がなされた三日後の九月十一日、中国では『参考消息』（第三六〇七期 一九六八年九月十一日水曜日、新華通信社編印、内部刊行物・注意保存）が刊行され、同提言がいち早く紹介されている。その見出しには「池田大作は、日本は反中国を停止し、我が国と外交関係を結ぶよう主張、これは公明党の対中政策の変更であると考える」とある。内部機密文書『参考消息』は共産党中央宣伝部から各省・自治区レベルまで通達され、その後、県の宣伝部長あたりまで伝えられた。[4] 党の重職にある周総理も目を通したものと十分に推察される。

王教授は、同提言がその後の公明党の新しい対中政策となり、さらにこの新政策が、公明党訪中団と中国側が七一年七月二日に発表した共同声明（後述）の基礎となったと、明言している。

当時、中国側は、もし日本政府が同共同声明の内容を受け入れ実行するならば、国交を回復し、平和条約を締結《ていけつ》する、と明確に意思表示をしている。この時、同訪中団は周総理と会見をしている。

また、国交回復直前の七二年七月、公明党訪中団は周総理と会見し、中日共同声明の内容を聞きだし、帰国後、日本政府にそれを伝え、同年九月の国交回復実現に特別な役割を果たしている。

王教授は、第二点目を次のように結んでいる。

「周総理は、池田会長が中日友好の道を切り開くうえで、不朽の功績をなしたことを十分に認めたゆえに、重病の身にもかかわらず、『池田会長にはどんなことがあっても会わねばならない』と言われたのである」と。

周総理は池田会長に中日友好を託した

第三点目は、「中日の世々代々にわたる友好」を池田会長に託した、ということである。会見のあったその時、周総理は七十六歳、池田会長は四十六歳であった。周総理は次のように述べた。

「今後われわれは、世々代々にわたる友好を築かねばなりません。二十世紀の最後の二十五年間は、世界にとって最も大事な時期です」と。

池田会長は後に、この時の心境をこのように述懐している。

「残された四半世紀で、アジアと世界の平和へ確固たるレールを敷きたい、そして、二十一世紀の中日の友好を断じて成し遂げてほしい――私はすべてを『遺言』と受け止めた」と。

池田会長のこの心境は今日でも変わらない。後年、北京大学の学生に贈った詩の中でも、「総理より託《たく》されし永遠の中日友好へ　必ずや行動をもって応えんと心に期《き》す[5]」と記している。

会見の通訳を務めた林麗韞《りんれいうん》氏も、当時の様子を次のように述懐している。

「三十分ほどの会見でしたが、お二人とも初対面とは思えないほどに、胸襟《きょうきん》を開いて話をされていました。周総理は、重い病気でしたが、中日友好をはじめ、アジアの平和、世界の平和について気迫《きはく》を込めて語られ、とくに、中日友好交流を池田先生に託されていると、痛切に感じました」と。

池田会長が携えてきたコスイギン発言は
中国の四つの現代化政策にとって不可欠

この会見に際し、池田会長が携《たずさ》えてきた、当時中国と敵対していたソ連のコスイギン首相の発言は、周総理にとって極めて重要な情報となり、この会見に新たな意義を付け加えるものとなった。

池田会長は一九七四年五、六月に第一次訪中を終えた後、九月に初めてソ連を訪問している。その際、モスクワでコスイギン首相と会談し、次のような、ソ連の中国に対する考えを聞きだし、中国の首脳に伝えることの了承を得た。

「ソ連は中国を攻撃《こうげき》するつもりはありません。アジアの集団安全保障《しゅうだんあんぜんほしょう》のうえでも、中国を孤立化《こりつか》させようとは考えていません」。

池田会長が、鄧小平《とうしょうへい》副総理に伝えたソ連側の発言を通じて、ソ連が中国に対し〝攻めないし孤立させるつもりもない〟ことを知った周総理は、自身の判断（ソ連は『声東撃西《せいとうげきせい》』―東を攻撃する姿勢を取りながら、西の守りが手薄になったところをすかさず攻める―で、勢力拡大の重点は欧州である、と指摘していた。編訳者追加）は正確であったことを確認し、四つの現代化建設の政策を、大胆に実行することができた。「この発言の伝達は、まさに、池田会長が中国人民の古い友人として、新たな貢献をなしたことを証明しています[6]」。

なおコスイギン発言が、周総理に伝わった経緯は次のようになる[7]（編訳者追加）。

池田会長は第二次訪中の際に、まずこの発言を廖承志《りょうしょうし》氏に伝え、同氏から中国の首脳に伝えてくれるよう頼《たの》んだ。十二月五日午前中、池田会長が鄧副総理と会見した際、その発言に対し鄧副総理から、「会長のお話は、廖承志同志から伺《うかが》いました。中国の未来のために、考えるべき大事なお話であると思います。しかし、問題は複雑《ふくざつ》です」と。

そして同日夜、周総理との会見の際にも周総理から、「午前中、鄧副総理と話し合われましたね。副総理をはじめ、関係者から（中略）お話は伺《うかが》っております。それらの問題についていては、私の方から、多くを話さなくてもよろしいですね」とあり、池田会長は〝ソ連のことなども、周総理の耳には、しっかり入っているようだ〟と理解した。

十余年の「心」の交流と共闘を経た会見

六〇年代の初めから創価学会に注目していた周総理

一九七四年十二月五日の会見は、三十分ほどの短い時間であったが、極めて内容の充実した、親しみあふれる有意義《ゆうぃぎ》なものであった。それは一体なにゆえであろうか。それは一言でいえば、周総理と池田会長の間に、十余年の「心」の交流があり、また共に国交回復のために奮闘した上での会見であったからであろう。

周総理の創価学会と池田会長に対する関心は、二つのルートによってもたらされたと言われている。その一つのルートは、中日友好協会の孫平化《そんへいか》氏の報告である。同氏は当時を思い起こし、次のように述懐している。

「私の知るところでは、この社会勢力（創価学会）は、早くも六〇年代初めに、我々が敬愛する周恩来総理に重視されていた。ある時、私が日本訪問から戻り、廖公《りょうこう》（廖承志《りょうしょうし》）に連れられて、中南海西花庁《ちゅうなんかいせいかちょう》の周総理の執務室に行って、直接報告したことがある。

私の報告の中で、周総理の注意を引いたことが二つあった。一つは日本が道路を上下に交差させ、高速道路を建設し、近代化された都市の交通渋滞を解決した経験についてである。もう一つは、創価学会の躍進と勢力の不断の拡大についてであった」。

もう一つのルートは、政治家の松村謙三《まつむらけんぞう》氏と高碕達之助《たかさきたつのすけ》氏が訪中の際に、周総理に創価学会を紹介したことである。当時、中国外交学会の日本処処長で、両政治家の対応に当たった金蘇城《きんそじょう》氏は次のように述懐している。

「(両政治家）どちらもこのことを取り上げていました。二人は次のような観点から語っていました。日本では戦後、創価学会という社会団体の勢力の発展はすさまじく、日本の歴史上かつてなかったことである。とくに松村謙三氏は大変驚いた、と。

日本人も一体どのような性質の団体なのかよくわからないが、中国もよくよく研究する価値があり、創価学会と距離を置くのではなく、むしろ交流する必要がある、と。

その時、私たちはまだ創価学会と交流はありませんでしたが、松村氏が『このような勢力を排斥し、対立するのではなく、重視し、友人となったほうがよい。中国の友人にして、日本で一定の実力と影響をもったほうがいい』と総理に提案したことを、はっきりと覚えています」と。

周総理が創価学会を重視し始めた時期に関しては、六〇年代初めであったと考えられているが、具体的な時期については、数人の回顧はすべて一致しているわけではない。これについては、王永祥教授は数人の当時の回顧と、創価学会の飛躍的な発展過程を結び付けて「六二年」であろうと推察している。この年の九、十月に、両政治家が相次いで訪中し、周総理に創価学会に関する状況を紹介している。

一九六一年に中国承認の発言をしている池田会長

六〇年代初め、中日間においては五二年に結ばれた民間貿易協定しかなく、周総理は日本の民間団体の中で、影響力があり信頼の置ける友好団体との交流を、模索《もさく》していた時期でもあった。「半官半民」の貿易協定（日本政府保証の輸出銀行ローンを認める「中日長期総合貿易覚書」、調印した廖承志《りょうしょうし》氏と高碕達之助《たかさきたつのすけ》氏の頭文字をとって「LT貿易」と呼ばれる）が結ばれたのは、六二年十一月になってからのことである。

当時、中国国内では創価学会に対する認識はまだ一致していなかった。孫平化《そんへいか》氏や金蘇《きんそ》城《じょう》氏の回顧によると、「創価学会は日本の恐ろしい団体であり、非常に組織化された部隊で、動員力のものすごく」、「軍隊の編成を採用し、各地域に創価学会の大隊があり、奇異に感じる」という認識であった。

周総理は各方面の資料を見たり、異なった見方も聞いた上で、中国外交学会に対し何度も口頭や書面で、創価学会の性質を真剣に研究するよう指示を出した。それを受けて、中国外交学会日本処では金蘇城処長を中心に、創価学会に対する全面的な研究が始まった。

ちょうどその頃、池田会長の中国承認に対する態度は、もちろん中国側は知る由《よし》もなかったのであるが、実は鮮明になりつつあった。六一年一月、池田会長は東京・墨田区の両国公会堂で開催された、創価学会両国支部の結成大会に出席し挨拶《あいさつ》した。その中で、次のような発言をしている（編訳者追加）。

「中華人民共和国《ちゅうかじんみんきょうわこく》は実際に大きな力をもち、多くの民衆を抱《かか》える大国家となっている。私は、国連は、中華人民共和国を認めてもよいのではないかと思います」[8]。

六三年、その研究成果が、世界知識出版社から『創価学会――日本の新興宗教的政治団体』として出版された。しかし、同著書は資料不足のため、創価学会の戦前からの発展過程と基本状況、そして日本各界の同会に対する評価は記述していたが、同会の性質については明確には言及していなかった。周総理と廖承志《りょうしょうし》会長は、彼らの研究成果を読んだ後、「よくできている。今後もまだまだ引き続き研究していかなくてはならない」と述べている。

当時、日本国内においても創価学会に対する評価は一様ではなかった、また中国国内の研究においても、正確に掌握《しょうあく》されていたわけではなかったが、周総理の創価学会に対する認識と態度は、かなり明確であったと言える。孫平化《そんへいか》氏の創価学会に関する報告を聞いた後、周総理はすぐにこのように指示している。

「君たちは、創価学会というこの団体を重視すべきである。会員の数から言って、日本人の十人に一人は学会員である。これは非常に大きな力である。中日友好を推進するには、絶対に軽視できない力である。必ず何らかの方法を講じて、創価学会との間にルートを作り、彼らと友人にならなければならない」。

周総理と池田会長の友情はすでに根を下ろしていた

周総理の創価学会に対する、このような明確な態度の背景には、どのような認識が存在していたのであろうか。

当時、周総理は、創価学会が一貫して戦争に反対し、平和を追求し、その初代会長である牧口常三郎《まきぐちつねさぶろう》氏が日本軍国主義政府から迫害を受け、殉難《じゅんなん》した事実を重視していた。ゆえに創価学会は決して軍国主義復活の社会勢力でないと認識し、何度も、できるだけ早く創価学会の幹部と接触をもつよう指示したのであろう。

周総理が創価学会に対し注目し、同会と接触をもつよう指示をしていたころ、創価学会と中国の交流が始まろうとしていた。六三年九月、創価学会本部の近くに住んでいた七十八歳の高碕達之助《たかさきたつのすけ》氏は、学会本部の落成を祝い、富士の絵を届けた。その際、三十五歳の池田会長に対し、中国の様子や周総理との会見の模様を伝え、日中復交への熱願と、日中友好の〝新しい力〟になってもらいたいとの強い期待を述べた。池田会長はその折、〝日中友好の金の橋を架《か》けよう〟との固い決意を抱《いだ》いたという。

池田会長がこの思いをさらに強くする機会が訪れた。六六年五月、池田会長は作家の有《あり》吉佐和子《よしさわこ》氏と対談のひと時をもった。彼女はインタビュアーのように、小説『人間革命』のこと、学会の組織のこと、公明党のこと等、次々と質問をした。話題が中国の婦人に至った時、過去に三度訪中したこと、また三度目（六五年）には半年の滞在中に毛沢東《もうたくとう》主席や周総理に会見したことも語った。対談が一段落した際、彼女は居住《いず》まいを正し、次のように語った。

「中国は創価学会に対し、非常に強い関心をもっています。それで周総理から伝言を預かってまいりました。『将来、池田会長に、ぜひ、中国においでいただきたい。ご招待申し上げます』と伝えてください、とのことでした」と。

池田会長は「いよいよ本格的に、日中友好に動き始める『時』が来たことを実感した」と記している。

この「周総理からのメッセージ」に対し、王永祥《おうえいしょう》教授は、このメッセージが出されたということは、その時点、六五年ころには周総理の創価学会への評価はすでに確定していたことを表している、と重視している。このことはまた、周総理と池田会長の友情は、すでに根を下《お》ろし萌芽《ほうが》していたことを、十分に表しているといっても過言ではない。

日中国交正常化提言

池田会長の予感は、しばらくして現実のものとなった。六六年六月、有吉佐和子氏から創価学会本部に連絡があり、彼女の中国の友人が、創価学会の幹部との会見を希望しているとのことであった。その友人とは、「LT貿易」の駐日事務所主席代表の孫平化氏と『光明日報《こうみょう》』記者の劉徳有《りゅうとくゆう》氏であった。とくに孫平化氏は〝創価学会の幹部と友人にならなければならない〟という周総理の指示を、実現することをずっと望んでいたのである。

池田会長は、有吉氏の要請を快く承諾し、日中友好を深める重要な機会であると考え、また未来の交流をも考慮して青年部の幹部が会見に応じるよう指示した。

同年七月創価学会の代表三名と、孫平化《そんへいか》、劉徳有、『大公報』記者の劉宗孟《りゅうそうもう》の各氏と、有吉佐和子氏が東京都内で会見した。会見は懇談的なものであり、実質的な問題には及ばなかったが、創価学会の青年部の代表と中国の代表が初めて会い、相互理解のために意見交換した意義は、極めて大きかった。

劉徳有氏は当時を振り返り、「当時は顔を合わせること自体が、何かを話すことよりさらに重要であったようだ。中国の駐日記者にとっては、おそらく創価学会の幹部との初めての会見であった」と述べている。

池田会長の日中友好促進への最重要の行動のその時が、ついに到来した。それは六八年九月八日、池田会長が第十一回創価学会学生部総会で述べた講演である。約二万人の学生の前で、日中国交正常化提言を行ったのである。同講演はその後「池田提言」（第二章で詳述）として歴史に刻印されたのである。

翌日、日本のマスコミは直ちに報道した。当時は中日関係が非常に険悪《けんあく》で、日本の社会でも中国と付き合うことに、白眼視《はくがんし》する雰囲気が強かった。池田会長に対し、脅迫の電話や手紙が相次ぎ、街宣車による〝攻撃〟も続いた。日米両政府も「池田提言」に対し、強い不満と憂慮《ゆうりょ》を表明した。講演の三日後と四日後に日米安全保障協議会を開き、「池田大作と創価学会の民間外交は、日本外交の障害になっている」と断言している。こうして「池田提言」は大きな社会的影響と衝撃をもたらすことになった。

「池田提言」の内容は、世界の各メディアを通して伝わり、国外にも大きな反響を呼んだ。劉徳有氏を含む中国の記者は、ただちに同講演の全文を北京に打電した。中国政府は早い段階で「池田提言」の内容を入手できた。講演の三日後には共産党内部刊行物『参考消息』にすでに紹介されている。

林麗韞《りんれいうん》氏は、周総理と「池田提言」について次のように述べている。

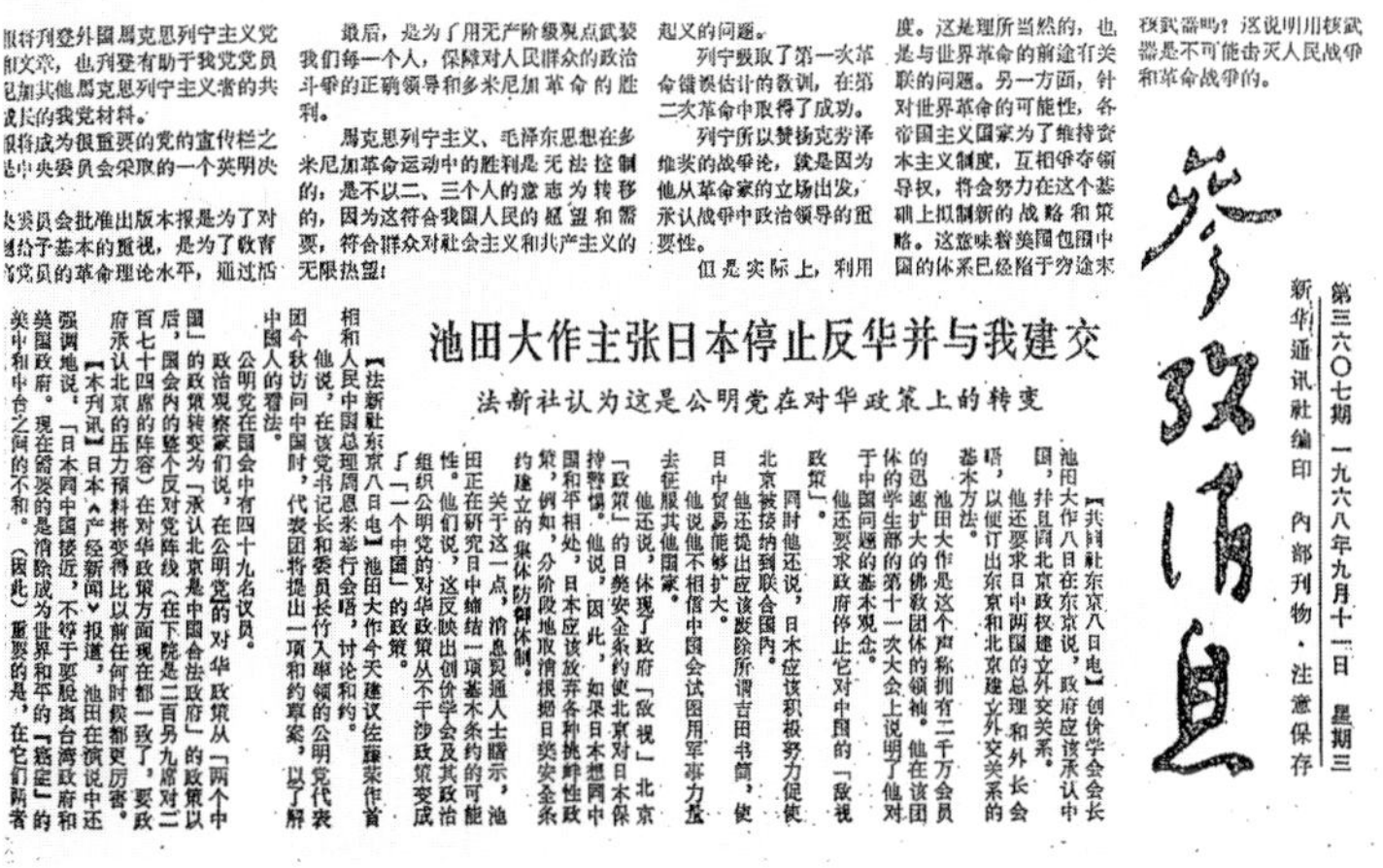
参考消息
第三六〇七期 一九六八年九月十二日 星期三
新华通讯社编印 内部刊物・注意保存

池田大作主张日本停止反华并与我建交
法新社认为这是公明党在对华政策上的转变

【共同社东京八日电】创价学会会长池田大作八日在东京说，政府应该承认中国，并且同北京政权建立外交关系。

他还要求日中两国的总理和外长会晤，以便订出东京和北京建立外交关系的基本方法。

池田大作是这个声称拥有二千万会员的迅速扩大的佛教团体的领袖。他在该团体的学生部的第十一次大会上说明了他对于中国问题的基本观念。

他还要求政府停止它对中国的「敌视政策」。

同时他还说，日本应该积极努力促使北京被接纳到联合国内。

他还提出应该废除所谓吉田书简，使日中贸易能够扩大。

他说他不相信中国会试图用军事力量去征服其他国家。

他还说，体现了政府「敌视」北京「政策」的日美安全条约使北京对日本保持警惕。他说，因此，如果日本想同中国和平相处，日本应该放弃各种挑衅性政策，例如，分阶段地取消根据日美安全条约建立的集体防御体制。

关于这一点，消息灵通人士暗示，池田正在研究日中缔结一项基本条约的可能性。他们说，这反映出创价学会及其政治组织公明党的对华政策从不干涉政策变成了「一个中国」的政策。

【法新社东京八日电】池田大作今天建议佐藤荣作首相和人民中国总理周恩来举行会晤，讨论和约。

他说，在该党书记长和委员长竹入率领的公明党代表团今秋访问中国时，代表团将提出一项和约草案，以了解中国人的看法。

公明党在国会中有四十九名议员。

政治观察家们说，在公明党的对华政策从「两个中国」的政策转变为「承认北京是中国合法政府」的政策以后，国会内的整个反对党阵线（在下院是二百九十席对二百七十四席的阵容）在对华政策方面现在都一致了，要政府承认北京的压力预料将变得比以前任何时候都更厉害。

【本刊讯】日本《产经新闻》报道，池田在演说中还强调地说，「日本同中国接近，不等于要脱离台湾政府和美国政府。现在需要的是消除成为世界和平的『癌症』的美中和中台之间的不和。（因此）重要的是，在它们两者

池田会長の「日中国交正常化提言」を伝える『参考消息』（1968 年 9 月）

「六八年の池田会長の中国提言は、ただちに周総理の手元に届いたと思います。提言に関する感想については、直接聞いたことがないので、詳細はわかりません。しかし、周総理は池田会長の提言に対しては、大変積極的な評価を与えたに違いありません。これは間違いありません。（中略）周総理は日本のマスコミの情報に対し、毎日、几帳面《きちょうめん》に目を通されていました。当時、私たちは、日本最大の宗教団体である創価学会が、ついに中日友好活動を展開し始めたことを知り、大変喜びもしました」と。

「池田提言」は一方、日中友好を促進する人々に、大きな朗報となっていった。中国文学者の竹内好《よしみ》氏は「徳、孤《こ》ならず。仁人《じんじん》は稀《まれ》であるが、天下に皆無ではない」と喜びを

表すと同時に、「形式上は一宗教団体内部での発言だが、実質は国民全体に関係のある重大な問題提起だから、信仰の立場を離れて共通の課題にすべきである」と述べている。

新中国の女性作家第一号の謝冰心《しゃひょうしん》氏は、池田提言を紹介した前述の『参考消息』を読んで喜び、〝中日国交回復の光、暗闇《くらやみ》の中に灯火《ともしび》が見えた〟とエッセーで書いた。[9]

松村謙三《まつむらけんぞう》氏は「池田提言」を知り「百万の援軍を得た」ようだと喜び、池田会長との会見を望んだ。七〇年三月会見の際、松村氏は池田会長に、一緒に訪中し、「池田会長をできるだけ早く周総理に紹介したい」との願望を伝えた。池田会長は、国交回復という政治次元の問題解決には、自身が創立した公明党に行ってもらった方が有利であろう、と答えた。松村氏は感謝し、公明党のことも、池田会長のこともすべて周総理に伝えると約した。

同会見の九日後、当時八十七歳の松村謙三氏は病身をおして訪中し、池田会長および公明党のことを周総理に伝えたのである。周総理は即座に「池田会長にどうかよろしくお伝えください。訪中を熱烈に歓迎します」と述べた。このメッセージは、松村謙三の同行者から周総理との会見の後、池田会長に電話で伝えられている。

「復交五原則」は池田提言を基礎にした

その後、周総理は公明党に訪中の招聘《しょうへい》をし、七一年六月、公明党は第一次訪中を実現することができた。出発する前に池田会長は同訪中団に、「私の名前を出す必要はありません。中国側の指導者の話をうかがい、誠心誠意、友好を進めてもらいたい」と述べたが、中国側からすれば、松村謙三氏、池田会長への信頼があって初めて公明党の訪中が決定したことは明らかであった。

当時、中国側は公明党に対し知識は少なかった。中国外交部で対日関係を担当していた丁民《ていみん》氏は、松村謙三氏の訪中の前に、周総理の事務室に急遽《きゅうきょ》呼ばれ、公明党という政党は一体どういう政党か、という報告をさせられている。[10]

周総理は、公明党代表団と会見をした。冒頭、「池田会長にくれぐれもよろしくお伝えください」と述べ、公明党が提起した「復交五原則」を十分に評価し称賛《しょうさん》した。実はこの会見は、当時の慣例からすると極めて異例であった。当時、政党の代表団は共同声明を出すことが一般的で、まず事務レベルの交渉で合意し、最後に周総理など国家指導者が会見していた。事務レベルの交渉では、当時やや〝左派〟的であった中国側は、公明党の「復交五原則」に不満であったため、交渉は暗礁《あんしょう》に乗り上げ、公明党も荷物をまとめ、帰国の準備を始めた状態であった。

にもかかわらず、周総理は代表団と会見し、会見後も同五原則を基調とし、共同声明を起草するよう指示した。ここで注目に値する事実がある。それは事務レベルの交渉の際、中国側は「池田提言」を印刷発行して重要資料の一つとして準備していたのである。

当時、朝日新聞社の北京駐在記者であった秋岡家栄《いえしげ》氏は、この異例の出来事に対し次のように述べている。

「あの時、会見がうまくいったのは、要するに池田会長のおかげだと思います。会長の提言が基礎にあって、会長の使者として、周総理は、公明党を見ていました。

事前の事務者協議では、文化大革命を背負った中国の若手の人たちが、かなり厳しいことを言ったに違いありません。一方、訪中した公明党の方も、周総理と池田会長の構想を読めていなかったのではないでしょうか。二人の深い信頼関係に気づいていなかったのではないでしょうか」と。

周総理との会見の後、共同声明が発表されたがこれは「復交五原則」と呼ばれ、その後の両国政府による交渉の基礎となった。同「復交五原則」とは、以下の五つである。①中華人民共和国が中国人民を代表する唯一《ゆいいつ》の正統政府であると認める、②「二つの中国」

「一つの中国、一つの台湾」という論調に反対する、③「日台条約《にったい》」は不法であり、廃棄すべきである、④アメリカの軍事力は台湾と台湾海峡から撤退《てったい》すべきである、⑤中国が国連の組織において、合法的な地位を回復すべきである。

同「復交五原則」は「池田提言」が基礎をなしていた。なお同「復交五原則」の前段三項は、その後中国側によって簡略化され、七二年の中日共同声明の前文でのキーワード「復交三原則」として留められている。

戦争被害の対日賠償権の放棄を述べた周総理

公明党は中国との交流も浅く、また初訪中にもかかわらず、国交正常化のために、大きな役割を果たすことができた。さらに七二年には、国交正常化の〝パイプ役〟も演じることになるのである。

同年二月、アメリカ大統領のニクソンが中国を訪問し、日本の頭越しに国交樹立へと踏み出した。ほどなく、日本政府は〝状況の変化〟に従って、中国への外交政策を転換することになった。同年七月に発足した田中角栄内閣は、中国敵視政策を改め、中国との国交正常化を実現してゆくべきであると政策を転換した。周総理は早速、東京にいた孫平化《そんへいか》に

「田中首相が北京に赴《おもむ》き、会談さえすれば、すべての問題を相談することができる」との伝言を、田中首相に伝えるよう指示した。

公明党は田中内閣発足直後、第三次訪中団を派遣した。この時は周総理と三回会見を行い、国交回復の具体的問題を、一つ一つ煮詰《につ》めていった。中日復交の実現に際し、日本側には幾つかの憂慮《ゆうりょ》する点があった。その最大の難問が、日本が中国にもたらした戦争被害の賠償《ばいしょう》問題であった。しかし周総理は、同訪中団との会見で、中国は対日賠償権を放棄《ほうき》すると述べたのである。

また周総理は、最後の会見の際には、中日共同声明の中国側の草案ともいうべき内容を読み上げた。同訪中団はそれをメモし、帰国後、田中首相に伝えたのである。田中首相はその内容を聞き、訪中の意思を表明している。七二年九月、田中首相は北京に赴き、周総理と会談を重《かさ》ね、「中日共同声明」に調印し、国交正常化が実現した。

国交正常化の過程に思いをいたす時、もし池田会長が、中日関係が困難な時に、「国交正常化提言」を発表し、その提言を受けて公明党が「復交五原則」を提出し、正常化原則の基礎を定めることがなされていなければ、日本がアメリカにならって、短期間のうちに対中政策を敵視から友好へ転換することは、困難であったろう。

そしてさらに付け加えて言うならば、もし周総理の池田会長に対する信頼がなければ、公明党はこのようなパイプ役を演ずることはできなかったであろう。

七二年九月、中日両国の国交は正常化されたが、その際、周総理の脳裏《のうり》には松村謙三《まつむらけんぞう》氏、高碕達之助《たかさきたつのすけ》氏等をはじめとする多くの中日友好人士の姿が、去来したと思われるが、池田会長や公明党との共闘は格別なものであったと思われる。

それは、七四年十二月周総理が健康状態が極めて厳しく、医者も反対する中、まさに命を削ってでも会見したことや、また会見冒頭での挨拶《あいさつ》、すなわち〝池田会長は中日両国人民の友好関係の発展を何度も提唱されている。そのことが私にはとてもうれしい〟〝創価学会と公明党がその目標に向かって積極的に取り組んでおられ〟〝中日友好が今日まで発展できたのは、私たち双方の努力の成果である〟に十分に反映されている。

【注】

⑴孔繁豊・紀亜光『周恩来、鄧穎超与池田大作』南開大学出版社　二〇一一年四月　序章、第2章第3節、第3章第3節、第4章より。

この会見についてはいくつかの研究書がある。たとえば、周恩来総理の母校である南開大学「周

恩来研究センター」発刊の『周恩来与池田大作』（王永祥主編、中央文献出版社　二〇〇一年三月）と『周恩来　池田大作与中日友好』（孔繁豊・紀亜光著、中央文献出版社　二〇〇六年八月）、また『中日関係中的周恩来与池田大作』（李錦坤・劉玉珊・王貴書編、中央文献出版社　二〇〇六年十一月）である。

(2) 高岳倫主編『廖承志与池田大作』中央文献出版社　二〇一一年五月　一二三頁
(3) 『聖教新聞』二〇〇八年一月一日付
(4) 李俄憲『第三文明』二〇〇七年十月号
(5) 『聖教新聞』二〇〇七年九月二十九日付
(6) 『潮』二〇〇六年十一月号
(7) 『新・人間革命　第二十巻』聖教新聞社　二〇〇九年十月　三三七頁、三四一〜三四二頁
(8) 『新・人間革命　第三巻』聖教新聞社　一九九八年十一月　三七頁
(9) 李俄憲『第三文明』二〇〇七年十月号
(10) 愛知大学現代中国学会編『中国21』Vol. 14　風媒社　二〇〇二年十月　一九八頁

第二章　六八年「池田提言」の意味するもの

（高橋　強）

「六八年池田提言」とは

一九六八年九月八日、池田会長は創価学会第十一回学生部総会の席上、約二万人の大学生を前にして、「戦う学生部に栄光あれ」と題し、日中国交正常化等の問題に関するスピーチを行った。

その後、同年十二月、今度は『月刊アジア』誌上で「日中正常化への提言」という論文を発表した。このスピーチと論文を一体的にとらえ「六八年池田提言」（以下、提言と略す）と称されている。

九月八日のスピーチの内容は、①中国問題こそ世界平和実現の鍵《かぎ》、②中国を国際的討議の場へ、③毛沢東《もうたくとう》主義はむしろ民族主義、④早急《さっきゅう》に日中首脳会談を、⑤世界民族主義の理念実現へ、⑥中国の国連参加への力強い努力を、⑦日中貿易拡大への構想、⑧吉田書簡《しょかん》は破棄《はき》すべし、⑨アジアの繁栄《はんえい》と世界平和のために、という九章から構成される。

また、「日中正常化への提言」の構成は、①中道主義の高い見地から、②アジアの未来を決定、③中国の弱さと強さ、④中国は侵略的ではない、⑤毛沢東主義をどう評価するか、

「日中国交正常化提言」を発表する池田会長（1968年9月）　© Seikyo Shimbun

講演の場となった創価学会第11回学生部総会（東京・日大講堂）　© Seikyo Shimbun

⑥敵視《てきし》政策を改めて、⑦緊張緩和《かんわ》の鍵《かぎ》を握《にぎ》る日本、⑧抜き難《がた》い米中の相互不信、⑨まず中国政府の承認を、⑩演繹的《えんえきてき》手法こそ解決の直道《じきどう》、⑪若い世代の活躍に期待、という十一節である。

上記二十のタイトルを見ただけでも、同提言がいかに高遠な視点から、精緻《せいち》に編み出されたかがわかるであろう。

中道主義や世界民族主義の高い見地に立ち、アジアの繁栄および世界平和実現のためには、中国問題の解決が最重要であると主張。日本政府に対しては、中国は侵略的ではなく、そのうえ毛沢東主義はマルクス・レーニン主義というより民族主義であるとの見地から、まず北京政府を承認し、中国の国連参加への努力をし、日中貿易を拡大(吉田書簡を破棄)するよう提案。さらにそのために、演繹的手法に基づき日中首脳会談の早期実現をも提案している。そして最後に、日中友好促進のために、若い世代の活躍に大いなる期待を寄せる。

六八年提言は、その後、多くの学者や研究者によってさまざまな視点から考察がなされ、高い評価が与えられた。ここでは、四名の学者の評価を紹介する。

日中友好を推進した池田大作の平和思想

（蔡徳麟《さいとくりん》・深圳《しんせん》大学元学長）

世界とアジアの視点からの提言

この提言に関し、蔡徳麟《さいとくりん》教授はまず、次のように高く評価している。

当時の日本においては、日中両国は法的にはまだ戦争が終結していない状況であり、その中での提言がいかに勇気ある尊い行動であったことか。当時の厳しい環境の中で、日中友好と国交回復のために、様々な方途《ほうと》で、志《こころざし》を曲げずに戦った日本の各界有志《ゆうし》は、確かに少なくはなかった。しかし、池田氏のように、民衆の中から民衆に呼びかけ、恐れることなく旗色《きしょく》を鮮明《せんめい》にし、時代の誤謬《ごびゅう》に鉄槌《てっつい》を下《くだ》し、進むべき道を示した民間団体の指導者は、極めて稀《まれ》であったのである。[1]

次に同教授は全体の内容の概要を、次のように述べている。

世界とアジアという大局《たいきょく》に着目《ちゃくもく》し、中国問題を正しく解決することがいかに重要であるかが鮮明《せんめい》に描かれている。全体的視点から中国問題を正しく解決するために提起《ていき》された「日中国交正常化」、「国連における中国の合法的地位の回復」、そして「日中貿易拡大」という「三位一体《さんみいったい》」の完璧《かんぺき》な方途《ほうと》が示されている。つまりは、中国問題を正しく解決するための基本的前提と唯一《ゆいいつ》の道を明確に示したものである。[2]

さらに同教授は、以下の四点の重要ポイントを取り上げ考察する。[3]

東西問題と南北問題という視点から中国問題の解決を

第一点目は、中国問題がいかに重要であるかについて明確に示されている点である。蔡《さい》徳麟《とくりん》教授は次のように言う。

池田氏は『提言』論文の中で、次のように分析している。

「今日、世界の平和と繁栄《はんえい》の実現に際《さい》して、最大の課題は、東西問題と南北問題に要約される。しかも、この二つの命題を、集中して課せられているのは、われわれの住むアジアである。かつての朝鮮戦争にしても、現在のベトナム戦争にしても、その端的《たんてき》な現れといえよう。その一方の当事国は、自由陣営におけるアメリカであり、他方共産陣営では、ソ連よりもむしろ中国である」。

ここから次の結論が導き出されている。

「現在の世界情勢において、平和実現への隘路《あいろ》は、実にこの米中対決であり、アジア諸国もまた、中国問題の解決なしに恒久《こうきゅう》平和はあり得ないのである」。

英知輝《かがや》く見事な分析《ぶんせき》ではないだろうか。世界全体の二つの「最大の課題」――つまり東西問題と南北問題という大きな視点から、中国問題を正しく解決することこそが世界平和実現の鍵《かぎ》であると論証している。

民衆同士の交流から始めよ

第二点目は、日中国交正常化の実現のために、日中間の友好関係を再構築することが示されている点である。蔡教授は次のように述べる。

そのためには、中華人民共和国《ちゅうかじんみんきょうわこく》を、中国を代表する唯一《ゆいいつ》の合法的政府であると承認することが基本的前提となる。この点について、池田氏は次のように述べている。

「中国の国際的な孤立《こりつ》を解消するために、日本が取るべき具体的な方途《ほうと》は何に求めるべきか。その第一は、中華人民共和国を正式に認めること、第二は、国連における北京《ペキン》政府の正当な席を用意し、国際的な討議の場への登場をうながすこと、第三には、経済的、文化的な交流を推進すること――この三つの実現に全力を尽くすべきであろう」。

（日本は当時、アメリカの世界的反共戦略の下に置かれて、中華人民共和国の承認を拒否し、台湾と「日台条約《にったいじょうやく》」を結ばされていたのである。こうした問題を真正面から見据《みす》えたうえで〈要旨〉）『提言』ではまず、日中国交正常化について、

「一九五二年に台湾の国民党政府とのあいだに日華《にっか》条約（日台条約）が結ばれており、我が日本政府は、これによって、すでに日中講和問題は解決されている、という立場をとっております。だが、これは大陸・中国の七億一千万民衆をまるで存在しないかのごとく無視した観念論にすぎない」と指摘している。

更《さら》に次のようにも述べている。

「およそ国交の正常化とは、相互の国民同士が互いに理解しあい交流しあって相互の利益を増進し、ひいては世界平和の推進に貢献することができて、初めて意義を持つものであ

ります。したがって、日中国交についても、その対象の実態は、中国七億一千万の民衆にあるわけでありります。それを無視して単なる条約上の『大義名分《たいぎめいぶん》』にこだわり、いかに筋を通したと称《しょう》しても、それはナンセンスであるといわざるをえない」。

ここからわかるのは、池田会長が民衆という視点から国交正常化の骨格《こっかく》を論じていることである。この民衆を立脚点《りっきゃくてん》としたからこそ、池田会長の「第一に中華人民共和国を正式に承認すべきだ」との論評《ろんぴょう》は歯切れが良く、大きな説得力を勝ち得たのであろう。

国連における中国の合法的地位を

第三点目は、中国が国連における合法的地位を回復すべきだと訴えている点である。蔡教授は次のように続ける。

『提言』はこれについて、次のように述べている。

「中国の国連代表権問題に対する日本の態度も、日中国交回復という基本姿勢が決定すれば、自動的に決まる問題である」。

しかしながら、この問題に対して日本の歴代政権は、それを阻止《そし》し、反対し、あるいは何もしない、かだけであった。特に佐藤政権は、妨害《ぼうがい》に終始した。つまり日本政府は一貫《いっかん》して、アメリカに追随《ついずい》するという、誇《ほこ》るべくもない役割を演じ続けたのである。（中略）国連において北京政府を支持する票数は年を追って増え続け、一九六五年の第二十回総会では、四十七対四十七の賛否同数となった。池田氏は次のように語っている。

「ともあれ、大勢《たいせい》としては、世界の世論は、北京政府支持の方向へ次第《しだい》に傾いていくでありましょう。現に先進諸国による国家承認も少しずつ増えており、国際通の人びとは『おそらく、四、五年で国連における中国代表権は、北京に帰するだろう』と予想しております」。

〈果たして一九七一年、中華人民共和国を承認する国が、台湾政府を承認する国を初めて上回ったのである。〈要旨〉〉中国の国連における合法的地位の回復と、この時まさに進行中であった中国とアメリカの「頭越し外交」の露呈《ろてい》が、佐藤政権にとっては致命的《ちめいてき》な打撃となった。それが逆に中日国交正常化への流れを加速させ、大きく促進することとなったのは言うまでもない。こうした歴史の潮流はまた、『池田提言』に込められている「三位《さんみ》一体《いったい》」理論の科学的予見性の正しさを証明しているといえよう。

日中相互繁栄の道を

第四点目は、日中貿易の拡大構想を示している点である。蔡《さい》教授は次のように述べる。

『提言』の「三位一体」理論において、もう一つの不可分の重要なポイントは、日中貿易の拡大である。これは日中関係改善の過程において、民間外交を基礎とし、両国民衆の往来を大切にしながら、民間の立場から官を促《うなが》し、官民共同で漸進的《ぜんしんてき》に実績を積み上げる手法が有効であるとの考えからであろう。（中略）

氏はまた具体的に「現実問題としても、不安定の度を増してゆくポンドによる決済方式を改めて、中国が望んでいる円元決済《えんげん》方式の検討にかかるべき時がきていると思う。共産圏への輸出品目を規制するココムからの離脱《りだつ》も当然であろう」と述べているが、ここには一歩でも半歩でも、両国の関係改善を進めていこうという執念すら感じられるのである。そして、「将来、経済交流において、世界で最も優位に立ち得るものは日本である。だが、戦前のように市場拡大と利潤《りじゅん》追求の経済関係は断じて求めてはならない。あくまでも相互繁《はん》栄《えい》の原則に立ち、両国の平等な繁栄と民生の向上安定をめざすのでなくてはならない。この互恵《ごけい》原則の貫徹《かんてつ》こそ、新しい時代の国際倫理の根本であり、恒久《こうきゅう》平和の基盤となるものと確信する」と結論付けている。

ここからも、『池田提言』が経済的利益のみならず、アジアの繁栄、ひいては世界平和を念頭に置いたものであることがうかがい知れよう。

池田先生の「九・八提言」発表四十周年を記念して[4]

（宋成有《そうせいゆう》・北京大学教授、同大学池田大作研究会会長）

六八年提言に一貫して流れる三つの視点

宋成有《そうせいゆう》教授は北京師範《しはん》大学で開催されたシンポジウムの基調報告の中で、六八年提言に一貫して流れる三つの視点、第一点「中国を観察するには、広大な視野と寛大《かんだい》な度量が必要である」、第二点「中国を理解するには、中国の深い伝統文化の実情を把握する必要がある」、第三点「中国への心情と日本の使命」をそれぞれ高く評価している。以下、同報告に沿って宋教授の評価を詳述する。

日中首脳会議を

第一点目の「中国を観察するには、広大な視野と寛大な度量が必要である」に関しては、提言の次の部分に顕著《けんちょ》に表れている。

「中国は人口七億一千万の巨大な国であり、三千年以上の大河のごとき歴史の流れをもつ大民族である。その思想形式は複雑であり、日本人の思想形式に合わせて、単純に割り切ろうとすれば、必ず齟齬《そご》をきたし、とんでもない誤りをおかすことになろう」。

ここで池田会長は、「簡単に結論を下す」「度量の小ささ」という日本人の悪弊《あくへい》を指摘している。

池田会長は提言の中で、日中首脳会議の速やかな開催を提案している。その理由として、「これまでの小手先の外交や、細かな問題を解決して、最後に国交回復へもっていくという、いわゆる帰納的《きのうてき》な行き方では、いくら努力しても成功は決して望みえないことを知るべきである」と述べる。

さらに、次のように主張する。

「まず両国の首相、最高責任者が話し合って、基本的な平和への共通の意志を確認し、大局観に立って基本的な線をまず固め、そこから細かい問題の解決に及ぼしてゆく、この演繹《えんえき》手法こそ、問題解決の直道《じきどう》である」と。

「小手先の外交」を放棄《ほうき》し、「大局観《たいきょくかん》」、「基本的な線」を重視する、ここにも広い視野と寛大な度量の重要性が述べられている。これは一種の精神的境涯《きょうがい》、格式的意識や思惟《しい》の素養であり、個人の色彩が鮮明《せんめい》に表れる。視野が広く度量が大きい人物は、つねに心中に大きな目標をもち、理想を求めて、時に応じて、努力目標や行動計画を提案するものである。

提言の中で、池田会長は、「今こそ日本は、この世界的視野に立って、アジアの繁栄と世界の平和のために」努力すべきである、と主張すると同時に、速やかに取るべき三大任務を、行動計画として明確に提案する。

「その第一は、中華人民共和国を正式に認めること。第二は、国連における北京政府の正当な席を用意し、国際的な討議の場への登場をうながすこと。第三には、経済的文化的な交流を推進すること」。

中国の伝統文化の核は「人間が原点」

第二点目の「中国を理解するには、中国の深い伝統文化の実情を把握する必要がある」に関して、日本への仏教伝来に果たした中国古代文化の貢献を高く評価し、池田会長は次のように述べる。

「我が国の仏教も中国から伝えられたものでありますし、私どもが勤行《ごんぎょう》のときに読む経本も漢文で書かれております。今ではすっかり日本化してしまったさまざまな風俗習慣も、もとをただせば、中国に起源をもっているものが多い」と。

ここに池田会長の日中二千年にわたる文化交流の重視と、中国伝統文化への理解のありかたが表れている。池田会長は、提言の中で、中国の伝統文化の根本的な考え方を「以人《いじん》為根本《いこんぽん》（人間を根本とする）」と提起している。

この見方が池田会長の中国観の中に貫かれている。またこの見方は一貫しており、一九八四年の北京大学講演「平和への王道——私の一考察」の中では、中国伝統文化の核を「人間が原点」或いは「人間を一切の座標軸にする」、「人間を目的とする」であると概《がい》括《かつ》している。

中国への心情と日本の使命

第三点目の「中国への心情と日本の使命」と、危険を恐れず提言を発表したこととは密接な関係がある。池田会長の「中国への心情」は、古代、近代、現代を含んだ新旧知識の系統的で全体的な認識と蓄積であり、理性的判断と真実の実感の結合であるということが特色である。この池田会長の「中国への心情」には、次の三つの背景が考えられる。

〈中国の古代文明に対する恩〉

第一は、日本の発展は、中国の古代文化からの大きな「恩恵《おんけい》」を受けており、それゆえ中国に感謝しなければならない、ということである。提言の中には「日本は、古代の国家統一のころより、厳密にいえばそれよりはるか以前から、一貫して中国文明の影響を受けつつ生々発展を続けてきた」とある。

〈侵略戦争に対する総括をしていない〉

第二は、近代の日本軍国主義の侵略戦争を憎み、歴史の教訓を総括することが大事である、ということである。提言の中には「日中両国のあいだには、いまだにあの戦争の傷跡《きずあと》は消えておりません」とある。

〈中国に対する期待〉

第三は、中国に対して大きな期待を抱《いだ》いている点である。提言の中には「中国は人口七億一千万の巨大な国であり、三千年以上の大河のごとき歴史の流れをもつ大民族である。……現在の中国の国力、技術レベル、経済建設の段階から判断しても、直接に武力をもって侵略戦争を始めることは、まずありえないであろう」とある。

〈日本の使命〉

「日本の使命」については提言の中で、具体的にこのような見解を述べている。

1、（日本政府は中国問題の）前提、知識を十分にわきまえ、長期の見通しに立った粘り強い交渉が必要であり、早急《さっきゅう》に日中首脳会議を開催すること。

2、（日本政府は）いたずらに侵略の幻影に脅かされて、武装を強化したり、反共の殻《から》を固めたり、あるいは安全保障体制を固めることよりも、大衆の福祉向上こそ最高の安全保障であり、暴力革命の波に対する最も強靱《きょうじん》な防波堤《ぼうはてい》である（ことを銘記《めいき》すべきである）。

3、我が国の自民党政府は、これまで一貫して対米追従主義に終始してきた。だが日本も独立国である以上、独自の信念をもち、自主的な外交政策を進めていくのは当然である。

4、日本が、アジアの半分に背を向けてきたこれまでの姿勢を改め、積極的にアジアの繁栄のために尽くしていくことが、どうしても必要である。また、日本が率先《そっせん》して中国との友好関係を樹立することは、アジアの中にある東西の対立を緩和《かんわ》し、やがては、見事に解消するにいたることも、必ずやできると私は訴えたい。

今日の日本の諸状況から考えて、以上の基本的判断は決して過去の問題ではない。現代世界を見通した哲学者池田会長の思想として、称賛《しょうさん》されるものということができる。

六八年池田提言の道徳的価値[5]

（倪素香《げいそこう》・武漢大学教授）

倪素香《げいそこう》教授は六八年池田提言を、「中日友好の歴史的進展を推進したばかりでなく、今日でも深遠な歴史的意義と道徳的価値を有する」と評価している。以下、同教授の見解を詳述する。

1、池田提言は深遠な道徳的基盤を有する

提言の道徳的基盤は、池田会長の人間学と仏法生命観である。

(1)池田会長の人間学

池田会長の人間学は人間主義が中心である。その人間主義こそが提言の思想的基盤である。池田会長は、人間主義とは、人を愛し、人を信ずることであるとし、次のように述べる。

「私は人を愛し、人を信じ、どこに行っても〝人間主義〟を推進したいと思う。人々の苦悩を除き、〝差別〟と戦い、すべての人々が〝人間〟として同様の生活を送れるような世界を構築したい」と。

まさにこの普遍主義的〝人間主義〟に基づいて、池田会長は提言の中で、中国人民に対する〝愛〟や〝信任〟を次のように表現する。

「中国が直接に武力をもって侵略戦争を始めることはとうてい考えられない(と信じるがゆえに)いたずらに侵略の幻影に脅かされて、武装を強化したり、反共の殻《から》を固めたり、あるいは安全保障体制を固めることよりも、大衆の福祉向上こそ最高の安全保障であり、暴

力革命の波に対する最も強靭《きょうじん》な防波堤《ぼうはてい》である」と。

⑵池田会長の仏法生命観

池田会長は、仏法の〝不殺生〟理念は人々に平和を熱愛させ、生命を尊ぶ慈悲心を起こさせうると理解している。そして次の点を強調する。

「仏法は〝人のため〟〝平和のため〟の宗教である。私は一人の宗教を信仰する者で、人間生命の最高の価値に対し深い認識をもっているつもりで、いかなる人の行動も、生命の尊厳に対する認識に基づくべきであると堅く信じている」と。

仏法思想のもとに生命観を打ち立てることは、提言の基盤のみでなく、池田会長の提唱する世界平和や人類の幸福の道徳的基盤でもある。提言の中で次のように言う。

「我々が仏法という立場にあって、人間性を根幹に、世界民族主義の次元に立って、世界平和と日本の安泰を願っていくことは当然であります」と。

2、池田提言が包含する貴い道徳精神

六八年提言は情熱的で、豊かな道徳的内容と精神を包含《ほうがん》しており、とくにそれが表す道徳的勇気と報恩の心は、人々を敬服させ感動させた。

(1)貴い道徳的勇気

六八年提言は、国内外の環境が極めて不利な状況下で提起されたもので、池田会長の提起と主張は間違いなく大きな衝撃を与え、政府と民間を震撼《しんかん》させた。それには非凡な道徳的勇気が必要であった。

中国をめぐる国際情勢は極めて深刻であった。当時アメリカは一貫して中国敵視政策をとり、当時の佐藤栄作内閣もアメリカのとった中国孤立政策に追従し、中国脅威論《きょういろん》が世間で騒々《そうぞう》しく論ぜられていた。同時に、中ソ関係も悪化に向かい、国境の衝突も不断に増加していった。

一九六八年、チェコスロバキア（当時）の民主化運動に対して、ソ連を主とするワルシャワ条約機構の国がチェコに侵入した。このことは中国に対してばかりでなく、全社会主義国家に対し、疑惑と敵意を生じさせることになったのである。

中国国内の情勢は、まさに〝文化大革命〟の時期にあたり、極端な〝左〟の思想が盛んであった。〝文革〟は、中国の社会、政治、経済の順調な発展を阻害《そがい》したばかりでなく、外交政策にも悪影響を与え、中国は隔絶《かくぜつ》された状態に置かれていた。

(2)貴い恩を感じる心情

池田会長は、何度も中国の言葉「飲水不忘掘井人《いんすいふぼうくっせいじん》（水を飲む時、井戸を掘った人を忘れない)」を引用する。すなわち我々を助け、恩を与えてくれた人を、忘れてはいけないことを強調し、提言の中で次のように言う。

「日本は、古代の国家統一のころより、厳密にいえばそれよりはるか以前から、一貫して中国文明の影響を受けつつ生々発展を続けてまいりました。我が国の仏教も中国から伝えられたものでありますし、私どもが勤行《ごんぎょう》のときに読む経本も漢文で書かれております。今ではすっかり日本化してしまったさまざまな風俗習慣も、もとをただせば、中国に起源をもっているものが多い。

……中国は日本に対し大きな恩のある国で、両国はまた兄弟の国である。二千年の長きにわたる歴史の中で、日本は中国文明の恩恵《おんけい》を受け発展してきた」と。

3、池田提言は高遠な道徳的見識を体現

劉徳有《りゅうとくゆう》氏（中国文化部元副部長）は、「池田会長の提起は、高遠な見識を有する発言である」と評価する。提言は日中友好関係に対し予見的提起であるばかりでなく、世界平和に対しても深い予見と遠大《えんだい》なる見識をもっている。

⑴日中関係に対する予見

池田会長は提言の中で次のように明確に意識し、予見している。

「現在の世界情勢において、中国問題は、平和実現への進路のうえで非常に重大な隘路《あいろ》になっております。もしこのいわば国際社会の異端児《いたんじ》のような中国を、他の国と同じように、平等に公正に交際していくような状態にもっていかなければ、アジア、世界の平和は、いつまでたっても実現できない」と。

さらに、池田会長は次のように提起する。

「第一に、中国政府の存在を正式に承認すること、第二に、中国の国連における合法的席を用意し、国際的な討論に参加する場所を提供すること、第三に、経済的、文化的交流を広範に推進すること」と。

これらの主張と提起は英明で正確であった、と歴史的に証明された。

⑵世界平和に対する遠大な見識

提言は主として日中国交回復問題が論じられ、「日中国交正常化提言」「池田提言」と称され、歴史史書に掲載された。しかし、池田提言は日中友好関係に対する提言というばかりでなく、中国という視点からのアジアないし世界平和に対する、予見と遠大なる見識である。提言の中で次のように指摘する。

「日本、中国を軸として、アジアのあらゆる民衆が互いに助け合い、守り合っていくようになった時こそ、今日アジアをおおう戦争の残虐《ざんぎゃく》と、貧困の暗雲が吹き払われ、希望と幸せの陽光が、燦々《さんさん》と降りそそぐ……アジアはもとより、世界の平和のためには、いかなる国とも仲良くしていかなくてはならない……核時代の今日、人類を破壊から救うか否《いな》かは、この国境を越えた友情を確立できるか否かにかかっている」と。

それゆえ池田会長は、日中友好と貿易往来《おうらい》について、「単純に経済的利益のためだけでなく、アジアの繁栄ないしは世界平和のために、偉大な貢献をすることと直接に繋《つな》がるものである」と強調する。

池田提言の世界平和に対する道徳的遠大な見識は、池田会長の一貫する平和主張と関連するものである。

六八年池田提言と青年への平和教育[6]

（高橋 強・創価大学教授）

日中両国の青年に対するメッセージ

青年に対する「平和教育」という視点から考察を試みることにする。なぜならば、六八年提言が約二万人の大学生や青年に対して、なされたものであるからである。池田会長は、未来永遠にわたる日中友好を開く主体者である青年に対し、同提言のいたるところで、大きな期待を寄せている。

まず、中国問題を、日本の置かれている立場からも、また池田会長の立っている世界民族主義の理念のうえからも、〝アジアのために、また世界のために〟どうしても触れなければならない第一の根本問題として捉《とら》え、青年に対し同問題を真剣に思索《しさく》するように願って、次のように述べる。

「ゆえに、私はあくまでも、そうした立場にある日本人の一人として、また、未来の平和を願う一青年として、諸君とともにこの問題を考えておきたい」と。

次に日本の青年ばかりでなく、中国の青年にも大きな期待を寄せて次のようにも述べる。

「（日中両国の間には、いまだにあの戦争の傷跡は消えていないが）やがて諸君が社会の中核になったときには、日本の青年も、中国の青年もともに手を取り合い、明るい世界の建設に笑《え》みを交わしながら、働いていけるようでなくてはならない。この日本、中国を基軸として、アジアのあらゆる民衆が互いに助け合い、守り合っていくようになった時こそ、今日アジアをおおう戦争の残酷と貧困の暗雲が吹き払われ、希望と幸せの陽光が、燦々《さんさん》と降り注ぐ時代である」と。

六八年当時、日本では日中友好の将来を担うべき学生は、学生運動のただ中、また中国では多くの学生が文化大革命の紅衛兵《こうえいへい》等の主体者として、同革命運動のただ中（同兵の派閥間武闘に至り、同年七月に運動は中止させられている）にあった。かかる状況から考えると、池田会長のこの期待は、両国青年に対する重要なメッセージであったと言えよう。

ここにおいて、日中関係をただの二国間関係にとどめないで、アジア全体の中で捉《とら》えている点を見落としてはならない。

さらに、核時代の様相がますます強くなっていく現況において、日中両国の青年に対し、「国境を越えた友情の確立」という大きな目標を提示し、とくに青年に対し、未来志向をたもつよう期待し次のように述べる。

「人類を破滅から救うか否《いな》かは、この国境を越えた友情を確立できるか否かにかかっているといっても過言ではない。

時代は刻々と動いている。未来に焦点を合わせて活躍していくのは、青年の特権である」と。

自身の中国観を展開

池田会長が両国青年に対して、一貫して国境を越えた友情の確立を期待しているが、その際相手に対する理解は欠かすことができない。その意味から、池田会長はとくに日本の青年に対し、自身の「中国観」を展開している。

六八年提言においては、主として毛沢東《もうたくとう》主義をどう評価するか、また中国は侵略的な危険な国かどうかについて、述べている。それは、当時の日本の保守派の人々は、中国は共産主義で危険な国だから、日米安保体制を固めて、中国とあまり付き合わないほうがよいという考え方が非常に強かったからである。この考え方は、同学生部総会参加者の多くも同様に抱《いだ》いていたものであった。

これら二点については、『月刊アジア』の論文においてさらに深められ、中国は危険でないことを、民族主義的な毛沢東思想から、また中国は侵略的でないことを、〃対外平和主義、内治専心《ないちせんしん》主義〃の観点から論証を試みている。池田会長の〃中国は危険でもなく侵略的でもない〟との結論付けは、多くの同総会参加者には極めて印象的に受け取られた。

池田会長は同提言を結ぶにあたって、自身の中国観に対する思索《しさく》も青年に期待する。

「なお、私のこの中国観に対しては、もちろん種々の議論があるでしょう。あとは一切、賢明な諸君に判断をまかせます。ただ、私の信念として、今後の世界を考えるにあたって、どうしても日本が、そして諸君ら青年たちが経なければならない問題として、あえて申し述べたわけであり、これを一つの参考としていただければ、望外《ぼうがい》の喜びなのであります」。

池田会長の青年に対する「平和教育」は、極めて周到《しゅうとう》で、「中国観」を述べた後、国交正常化へのプロセスも含め日本の取るべき進路について具体的に提示している。第一に、中国政府の存在を正式に承認すること、第二に、中国の国連における合法的席を用意し、国際的な討論に参加する場所を提供すること、第三に、経済的、文化的交流を広範《こうはん》に推進することである。

青年に対する以上のような平和教育を包括《ほうかつ》した「六八年池田提言」は、今日においてもとくに創価教育システムや創価学会青年部の中で、刊行物や映像を通してその精神は継承され、日中友好、世界平和のために努力を惜《お》しまないという人材を、数多く輩出《はいしゅつ》し続けている。そうしてみると、六八年提言は、「日中国交正常化提言」である一方、日本の青年に対しては平和教育を通した「日中友好啓蒙書《けいもうしょ》」であり、日中両国の青年に対しては「友情確立提言」であった、と言っても過言ではないと思われる。

六八年池田提言の高い評価は、中国教育界においてもなされている。「人民教育出版社」から二〇〇四年に発刊された高校の教科書『歴史①〈必修〉』（教師指導用）に、六八年池田提言のことが紹介されている。同書の「第五単元　現代中国の対外関係」の中で、次のように評価している。

「中日両国の関係が歴史的難局に陥《おちい》った重要な時期に、日本創価学会池田大作会長が発表した『日中国交正常化提言』は、中日国交正常化を実現するための正確な方向と基本方途を日本政府に明示した。また、池田大作会長が創立した公明党は、中日国交正常化交渉の先駆者となり、原則から詳細までの具体内容について中国側との共通認識を達成した」[7]と。


【注】
(1) 蔡徳麟『東洋の智慧の光――池田大作研究』鳳書院　二〇〇三年五月　二八頁
(2) 蔡徳麟『東洋の智慧の光――池田大作研究』前掲　三〇頁

(3)蔡徳麟『東洋の智慧の光――池田大作研究』前掲　三一～七九頁
(4)宋成有「池田大作〝九・八倡言〟簡論」高益民主編『和平与教育――池田大作思想研究』教育科学出版社　二〇一〇年　二一～三〇頁
(5)倪素香「六八年池田倡言的道徳価値」「和平与教育――池田大作思想国際学術研討会」二〇〇八年　三〇二～三〇五頁
(6)高橋強「一九六八年〝池田倡言〟与和平教育」高益民主編『和平与教育――池田大作思想研究』前掲　三一～四一頁
(7)『聖教新聞』二〇〇五年一月十日付

第三章　池田大作の日中友好促進の実践[1]

（孔繁豊・紀亜光）

周総理との心と心の交流と日中友好促進

「あの時、総理の思いはただ『自分なきあと』の一点に向けられていた。『二十世紀の最後の二十五年間は、世界にとっても最も大事な時期です。すべての国が平等な立場で助け合わなければなりません』。

残された四半世紀で、アジアと世界の平和へ確固たるレールを敷きたい、そして二十一世紀の中日の友好を断じてなしとげてほしい――私はすべてを『遺言』と受け止めた」[2]。

これまでの日中友好促進の行動の背景には、池田会長と周総理のこのような心と心の交流が存在していたことを忘れてはならない。

この章では、「中国訪問」「学術講演」「対談集」「中国歴代指導者との友好交流」「教育文化交流」「青年との交流」等についての池田会長の日中友好促進の実践を紹介する。

十度の訪中――周総理から託された中日友好の促進

一九七四年五月から九七年五月にかけて二十三年間にわたって十回行われた、この池田会長の訪中の時期は、まさに、周総理が強調した、世界にとって最も重要な「二十世紀の最後の二十五年間」だった。この十回の訪中は、周総理から託された中日友好を不断に促進するための具体的な行動であった。

日中友好促進の基礎となった第一次訪中

第一次訪中（七四年五月三十日～六月十五日）は、北京《ペキン》、西安《せいあん》、上海《シャンハイ》、杭州《こうしゅう》、広州《こうしゅう》に滞在し、各地で工場や人民公社等を訪問。多くの人民と交流を深めた。さらに故宮《こきゅう》、万里《ばんり》の長城《ちょうじょう》および各地の博物館、八路軍《はちろぐん》西安弁事処《べんじしょ》記念館、魯迅《ろじん》記念館（上海）、農民運動講習所（広州）等の参観を通し、歴史・文化への造詣《ぞうけい》を深めた。この間、「中日友好協会」の廖承《りょうしょう》志《し》会長等と、世界情勢、日中間に存在する諸問題、平和実現へのプロセス等について意見交換をした。

中国仏教協会責任者の趙樸初《ちょうぼくしょ》氏とは、「法華経」について哲学談義を行い、次いで、李先《りせん》念《ねん》副総理とも会見。李副総理から、中日平和友好条約、社会主義と個人の自由、資源、組織と官僚主義、核兵器等に関する問題についての考えを聞き、さらに中日平和友好およびアジアや世界平和等の問題について意見交換をした。

教育交流では、北京大学、北京市の小学校、中学校を訪問。とくに北京大学では、五千冊の図書の目録を贈呈。池田会長は中日友好協会を訪問した際、日中友好を促進するために、創価学会と中国の具体的な交流構想を披露。創価大学に中国の教育関係者を招聘《しょうへい》。教育関係者の講義や学生の代表を招き研修を行う等の提案。さらに、学者、作家、教育関係者、芸術家等の文化人との相互交流を実施していくことも表明。これらの構想が、池田会長の日中友好促進の基礎となっていったことは、歴史が証明している。

帰国後、六月から九月まで毎月、訪中での見聞を文章にまとめ雑誌等で発表。中国人民のありのままの姿を日本社会に紹介。十二月には『中国の人間革命』(毎日新聞社)という本を出版。同書は当時のベストセラーとなり、同書を通して中国人民に対する理解が広がった。

池田会長は、第一次訪中の中で、できれば周総理と会見をしたいという希望があり、周総理もまた同様に考えていた。しかし周総理の健康がすぐれず（周総理は六月一日にがんの手術をしている）、医者の指示により、それは実現しなかった。周総理はわざわざ代理として李先念副総理に託して、会見することになった。周総理の池田会長に対する配慮は、それだけにとどまらず、人を介《かい》して（後日、判明するのであるが、それはジャーナリストの西園寺《さいおんじ》一晃《かずてる》氏であった）、嗜好品《しこうひん》、生活上の習慣等を詳細に把握し、関係部門に対しそれらに配慮するよう指示していた。池田会長は「行く先々で、周総理の『心』に出会い、総理の『心』に包まれての初訪中であった」と述懐している。

ソ連首相の発言を携えた第二次訪中と周総理との「一期一会」の出会い

第二次訪中（一九七四年十二月二日〜六日）は池田会長にとって極めて重大な意味をもつものとなった。それは周総理との「一期一会《いちごいちえ》」の会見である。

帰国前日の十二月五日夜、池田会長と周総理との会見が行われた。病床にある周総理が重病をおして会見を実施したことは、池田会長にとって、生涯忘れがたいものとなった。

その後の日中友好促進に、さらなる努力を傾けようという新たな決意をもたらしたのである。会見の様子は、翌日の『人民日報』の第一面で写真と共に紹介された。

実は第二次訪中の際、池田会長は、当時中国と深刻な緊張・紛争関係にあった、ソ連のコスイギン首相からの重大な「発言」を携《たずさ》えていたのである。池田会長は第一次訪中の三カ月後、教育・文化交流を通して、日ソ両国の友好を促進するために、ソ連を訪問し、その間コスイギン首相と会見する機会を得た。その席上、同首相の「ソ連は中国を攻撃するつもりはありません。アジアの集団安全保障のうえでも、中国を孤立化させようとは考えていません」との発言を、中国の首脳部に伝えることへの了解を得ていたのである。

同「発言」は池田会長により、鄧小平《とうしょうへい》副総理、周総理へと伝わった。

周総理との会見の日の午前中、池田会長は鄧副総理と約一時間会談している。鄧副総理からは、中日平和友好条約の早期締結《ていけつ》への自信、国内の政治状況、中日両国学者によるシルクロード研究、毛沢東主席や周総理の健康状態等が語られ、さらに周総理から〈自民党の〉三木武夫《みきたけお》新総裁に対する祝賀のメッセージが託された。

教育交流として、北京大学での図書贈呈式に参加し、王連龍《おうれんりゅう》氏等の大学首脳と今後の大学交流について話し合っている。

周恩来同志会见黎德寿、春水同志

同他们进行了亲切友好谈话 纪登奎同志等参加会见

新华社一九七四年十二月五日讯　中共中央副主席、国务院总理周恩来今天在医院会见了越南劳动党中央政治局委员黎德寿，越南劳动党中央委员会委员、书记处书记春水，同他们进行了亲切友好的谈话。

参加会见的有中共中央政治局委员纪登奎，中共中央委员、中联部部长耿飚，中联部副部长申健，以及毛宝忠、赵金坤。

越南民主共和国驻中国大使阮仲永也参加了会见。

黎德寿和春水同志是在回国途中于今天下午到达北京的。

周总理会见池田大作会长等日本朋友

同池田大作会长和夫人进行了亲切友好的谈话

新华社一九七四年十二月五日讯　周恩来总理今天在医院会见日本创价学会会长池田大作和夫人池田香峰子，以及以池田大作会长为团长、山崎尚见副会长为副团长、原田稔为秘书长的日本创价学会第二次访华团全体团员，并且同池田大作会长和夫人进行了亲切友好的谈话。

参加会见的有廖承志、王连龙、林丽韫、孙平化。

左下图：中共中央副主席、国务院总理周恩来十二月五日在医院会见了越南劳动党中央政治局委员黎德寿，越南劳动党中央委员会委员、书记处书记春水。这是会见时合影。　新华社记者摄

右下图：周恩来总理十二月五日在医院会见了日本创价学会会长池田大作和夫人池田香峰子，以及以池田大作会长为团长的日本创价学会第二次访华团全体团员。这是会见时合影。　新华社记者摄

『人民日報』（1974 年 12 月 6 日付）第 1 面に掲載された周総理と池田会長の会見（写真右が周総理と創価学会第 2 次訪中団との記念撮影）　© Seikyo Shimbun

日中平和友好条約と第三次訪中および国費留学生の創価大学への受け入れ

第三次訪中（七五年四月十四日〜二十二日）では、鄧小平《とうしょうへい》副総理と約二時間の会見をした。二人は中日間の問題や国際情勢、とくに中ソ関係について意見交換した。鄧副総理から、中日平和友好条約についての中国側の立場、すなわち七二年の「中日共同声明」の原則を堅持するとの立場が表明された。

なお鄧副総理から「三木首相の勇気と決断力を希望します」との同首相へのメッセージが池田会長に託された。当時、同条約締結《ていけつ》をめぐる中日間の交渉が行き詰まりを見せていたことを考えると、極めて重要な意味をもつ。

池田会長は帰国後ただちに三木首相に伝えた。外務大臣の福田赳夫《ふくだたけお》氏は訪中前と訪中後に池田会長と会談し、同条約締結について意見交換をしている。なお中日間の交渉は、池田会長の帰国後しばらくして再開されている。同条約の締結は、後に福田内閣の折に実現した。

教育交流は、北京大学、復旦《ふくたん》大学、武漢《ぶかん》大学を訪問。各大学の首脳と学術教育交流について話し合う。復旦大学では二千冊、武漢大学では三千冊の図書贈呈をした。

池田会長は、この第三次訪中の前にも、日中友好にとって二つの重要な仕事を成し遂げていた。一つは、七五年一月に訪米し、キッシンジャー国務長官と会見したこと。アメリカ側の日中平和友好条約に対する肯定的な見解を引き出し、それを訪米中の当時の大蔵大臣・大平正芳《おおひらまさよし》氏（日中共同声明調印の際の外務大臣）に伝えている。大平氏は「平和友好条約は、必ずやります」と約束した。こうした行動の背景には、周総理の「中日平和友好条約の早期締結を希望します」の言葉が、池田会長の脳裏につねにあったのであろう。

もう一つは、新中国建国後第一号の国費留学生六名を、池田会長が身元保証人となり、自らが創立した創価大学に同年四月初めに受け入れたこと。創価大学は、国費の留学生を正式に受け入れた初の日本の大学となった。池田会長は時を移さず、中国との教育交流にも着手している。池田会長はこの時の心境を次のように述懐している。

「〔周〕総理が日本に留学された時、大学で学ぶ機会を得られず、苦労をされた。そのご苦労に、何かのかたちで私は報いたかった[3]」と。

この六名の中から、駐日中国大使館の大使や、中日友好協会の副会長や理事等も輩出《はいしゅつ》されている。

鄧穎超氏との友好交流が始まった第四次訪中

七八年九月十一日〜二十日、池田会長は一カ月前に日中平和友好条約が調印されたのを見届け、第四次訪中を実行した。中国指導者との交流においては、李先念《りせんねん》副総理と約一時間の会見。池田会長から提起された核兵器廃絶《はいぜつ》問題、中米関係、日中学術交流、「四つの現代化」と中国の国内建設問題、中国の法律問題、宗教政策等について意見交換をしたのである。

第四次訪中は、池田会長にとって、格別な思いをもっての訪中であったと思われる。池田会長は早くも六九年に自著小説『人間革命』の中で、〝中国との平和友好条約の締結《ていけつ》〟を主張し、以後、その実現のために尽力してきたからである。七五年第三次訪中の際には、鄧小平《とうしょうへい》副総理と同条約について直接意見交換をした。さらには帰国後、一万人参加の総会にて同条約の締結を訴え、また七六年には、来日中の上海京劇団歓迎交流大集会で五万人の参加者に、同条約の早期締結を主張するなど（編訳者追加）、あらゆる機会を通して締結推進をしてきた。池田会長の創立した公明党も、七七年、七八年と訪中し、同平和友好条約の締結のために、非常に優れた貢献をなした。

鄧穎超氏との初の出会いとなった第４次訪中（1978年９月、北京）　© Seikyo Shimbun

訪問中にもう一つの重要な出来事があった。それは故・周総理夫人の鄧穎《とうえい》超《ちょう》・中国婦女連合会名誉主席との出会いである。鄧氏からは「明年、桜が満開のころ日本に行きたいと思います」と伝えられた。鄧氏との親密な友好交流は、その後、ある時は日本、またある時は中国で、計八回を数えることになる。それらは、周総理の「心」との交流であったと言っても過言ではない。池田会長は鄧氏に初めて会った時のことを次のように述懐している。

「〔周〕総理と表裏一体と言おうか、総理の『心』そのものと今、出会っていることが直観的にわかった」[4]と。

さらに、復旦《ふくたん》大学では蘇歩青《そほせい》学長とも

教育談義を行った。

中国での初の記念講演を行った第五次訪中

第五次訪中（八〇年四月二十一日～二十九日）から、ますます教育・文化交流に重点が移っていったのである。

北京大学では「新たな民衆像を求めて」と題し、中国の大学では初の記念講演をし、同大学と創価大学との間で学術教育交流協定が結ばれた（日本の大学では第一号である）。同席した季羨林《きせんりん》副学長とは、後に文明鼎談《ていだん》『東洋の智慧を語る』（二〇〇二年）を出版している。四川《しせん》大学には千冊の図書贈呈。常書鴻《じょうしょこう》・敦煌《とんこう》文物研究所所長、李駱公《りらくこう》・桂林《けいりん》市画院院長、蘇歩青《そほせい》学長、作家の巴金《ばきん》氏等とも文化談義を行った。常書鴻所長とはその後、対談集『敦煌の光彩』（一九九〇年）を刊行。中国指導者との交流では、華国鋒《かこくほう》総理と会見。文化大革命、官僚制度の問題、新時代の教育、訪日等について意見交換をしている。

第五次訪中においても、池田会長は七四年の周総理との出会いを大切にし、周恩来総理展（池田会長は二〇〇二年に日本で周恩来展を開催し、参観者は百三十万人を数えた）を参観するとともに、鄧穎超《とうえいちょう》氏宅（西花庁《せいかちょう》）を訪問。訪中の間に同氏と三回懇談をしている。

北京大学と復旦大学から名誉学術称号を受けた第六次訪中

第六次訪中（八四年六月四日～十日）は、教育交流において極めて大きな意義をもつものとなった。北京大学では「平和への王道――私の一考察」と題し、また復旦《ふくたん》大学では「人間こそ歴史創出の主役」と題し記念講演をし、また両大学から名誉教授の称号が授与された（中国の大学等からの名誉学術称号は百を数える）。その間、段文傑《だんぶんけつ》・敦煌文物研究所所長、巴金氏、丁石孫《ちょうせきそん》・北京大学学長、蘇歩青《そほせい》学長等と文化・教育談義を重《かさ》ねている。

中国指導者との交流は、胡耀邦《こようほう》総書記と約一時間の会見。〝核の脅威展〟（北京展）、中国でのオリンピック開催、日中合同の文化遺跡発掘、世界平和へのプロセス等について意見交換をした。

第六次訪中の際にも、池田会長は鄧穎超《とうえいちょう》氏と会見。その折、将来の日中友好のためにも日中両国の青年の交流が欠かせないことから、鄧氏より王兆国《おうちょうこく》・共産主義青年団中央委員会第一書記が池田会長に紹介された。これが後の、創価学会青年部と共産党青年団との青年交流として実を結ぶことになる。

大変な時に信義を重んじて二百八十一人の団員と訪れた第七次訪中

第七次訪中（九〇年五月二十七日〜六月一日）の前年、北京で重大な政治事件（いわゆる第二次天安門事件）が起き、中国を取り巻く国際情勢は極めて緊張していた。日本政府は一時、中国への「渡航自粛勧告《とこうじしゅくかんこく》」を出し、その後は解除したが、中国への旅行者は依然として激減状態であった。

その中で日中友好を一貫して主張している池田会長は、「そのような状況を憂い、信義の上から行き詰まりを打開するために」、二百八十一名の団員と共に第七次訪中を積極的に推進。池田会長はまず北京大学を訪問（七回目）。「教育の道、文化の橋――私の一考察」と題し記念講演を行い、王学珍《おうがくちん》・校務委員会主任等大学首脳と会見した。北京大学からは第一号の「教育貢献賞」が授与された。さらに中国社会科学院を訪問している。

中国指導者との交流では、まず鄧穎超《とうえいちょう》氏と八度目の会見。池田会長が鄧氏に贈呈した周恩来夫妻の肖像画や、創価大学に植樹された「周桜」「周夫婦桜」のことが話題になった。最後には鄧氏から、周総理愛用の「象牙《ぞうげ》のペーパーナイフ」と鄧氏愛用の「玉製《ぎょくせい》の筆立て」

が、友情のあかしとして池田会長に贈呈された。

次いで李鵬《りほう》総理と会見。李総理は、池田会長からのアジア競技大会、国内事情、中ソ関係や中米関係等の質問に対して、懇切《こんせつ》に答えている。さらに、江沢民《こうたくみん》総書記は、池田会長の案内により「池田大作写真展―自然と平和との対話」を鑑賞後、約一時間の会見。江総書記は、池田会長からの国内情勢、党と政府の青年への期待、および朝鮮半島情勢等の質問に答えている。

訪問団は、将来の幅広い分野での交流促進のために、中華全国婦女連合会、中華全国青年連合会、北京第一実験小学校を訪問した。

学術・文化交流促進の第八次訪中

第八次訪中は、国交正常化二十周年の九二年十月十二日~十七日に行われ、まさに学術・文化交流促進の訪中となった。訪中団の規模も大きく約二百四十名から構成された。

池田会長は中国社会科学院を訪問。「二十一世紀と東アジア文明」と題し記念講演を行い、胡縄《こじょう》院長等と会見。その際、池田会長が創立した東洋哲学研究所と同院の間で学術交流協定が結ばれた。

なお同院から「名誉研究教授」称号が授与されている。文化交流促進の一つとして、中国美術館で、池田会長が創立した東京富士美術館所蔵の「西洋絵画名作展」を開催した。これには江沢民《こうたくみん》総書記も参観し「題字」を寄せている。中国指導者との交流では、李鵬《りほう》総理と会見する機会を得て、天皇の訪中、社会主義市場経済の重点、北京オリンピック、精神文明と教育等について意見交換した。

教育交流を優先させた第九次訪中

第九次訪中（九四年一月三十日〜二月一日）では深圳《しんせん》を訪問。池田会長の初訪中二十周年を記念する訪中となった。七四年五月、第一次訪中をした当時は、日本から北京への直行便がまだ開設されていなかったので、香港側から羅湖《らこ》橋を渡って中国に入っている。その第一歩の地が深圳である。

池田会長は、その羅湖橋を眺望《ちょうぼう》し、次のような当時の情景を思い起こしていた。

「まだ、東京から北京《ペキン》への飛行機の直行便がない時代であった。日本からの数少ない旅行者たちは、香港《ホンコン》から徒歩《とほ》で中国に入るルートしかなかった。

香港の宿舎《しゅくしゃ》から九龍《カオルン》駅に向かい、列車に乗り込んだときは、雨であった。香港側の最後

の駅である羅湖駅までは、約一時間の列車の旅である。（中略）
羅湖駅に着いたときは、雨も上がり、用意した傘《かさ》も不要になっていた。
羅湖駅で通関《つうかん》を済《す》ませ、鉄道のレールに沿《そ》って、しばらく歩いた。羅湖と深圳の境界《きょうかい》にある深圳河は、小さな川であった。屋根のついた羅湖橋を五十メートルほど歩いて渡り、深圳に入った。カーキ色の軍服を着た人民解放軍の兵士にパスポートを見せ、入境《にゅうきょう》した。正《しょう》午《ご》前であった」[5]。（編訳者追加）

池田会長は教育交流を優先し、深圳大学を訪問。「『人間主義』の限りなき地平」と題し記念講演をし、蔡徳麟《さいとくりん》学長等と懇談。さらに厲有為《れいゆうい》・深圳市長等とも会見をしている。

蔡徳麟学長はその後、池田会長の思想に感銘し、『東方智慧之光―池田大作研究論綱』（清華大学出版社　二〇〇三年九月）を著した。

国交正常化二十五周年を記念した第十次訪中

第十次訪中は、国交正常化二十五周年の九七年五月十日〜十五日に行われた。上海大学を訪問。池田会長に対する「名誉教授」称号の授与式。その後、銭偉長《せんいちょう》学長等と教育談義を行い、陳良宇《ちんりょうう》・上海副市長等とも会見している。その際「上海雑技団」の日本公演の提案をしている。
第十次訪中の最後の日、「周総理生誕百周年」記念番組のインタビューを受け、池田会長は、逝去《せいきょ》の一年余り前に総理と北京で会見した時の模様や、創価大学に総理を称《たた》える「周桜」を植樹した心情等を語った。

アジアと世界平和のための学術講演

池田会長は訪中し各界のリーダーと会見する間、日中友好、アジアおよび世界の平和のために、大学等で積極的に学術講演を行った。以下、その概要を紹介する。

第一回「新たな民衆像を求めて」（北京大学　第五次・一九八〇年）
中国文学者・吉川幸次郎《よしかわこうじろう》の〝中国文明は神のいない文明〟や、司馬遷《しばせん》『史記』の〝わたしははなはだ思う、いわゆる天道は是《ぜ》なのか非《ひ》なのか〟を手がかりに、「個別を通して普遍《ふへん》を見る」という伝統精神の形成に言及。民衆を主役とした新しい普遍主義を模索《もさく》している。

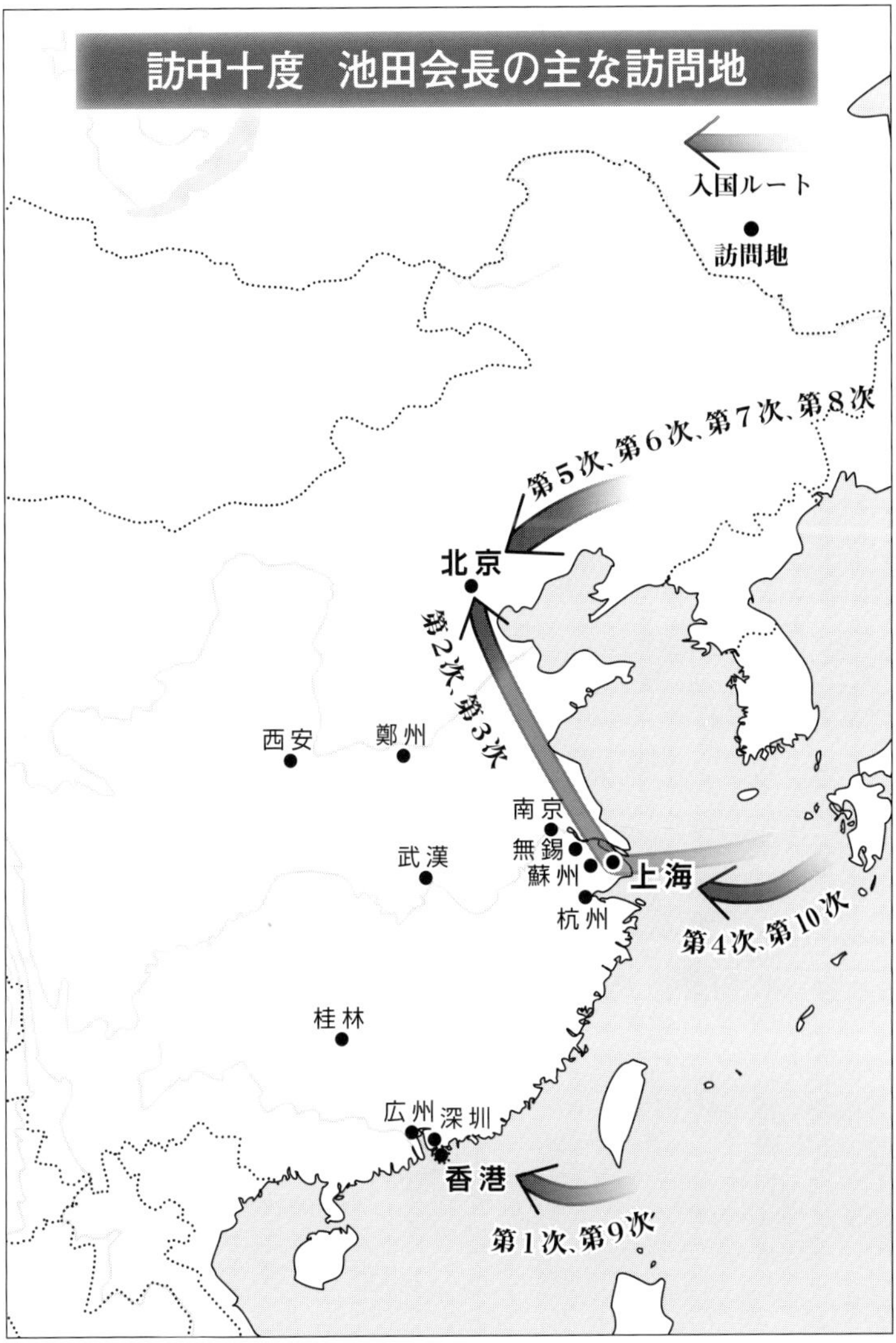
訪中十度　池田会長の主な訪問地
入国ルート
訪問地
第5次、第6次、第7次、第8次
北京
第2次、第3次
西安
鄭州
南京
無錫
蘇州
上海
武漢
杭州
第4次、第10次
桂林
広州
深圳
香港
第1次、第9次

第二回「平和への王道——私の一考察」（北京大学　第六次・一九八四年）

中国史を巨視的に俯瞰《ふかん》し〝尚武《しょうぶ》〟より〝尚文《しょうぶん》〟の強い倫理感覚に注目し、軍備つまり〝武〟を抑制することにつながる文化や文明の〝文〟の力に、大きな期待を寄せ、その果たす役割の大なることを強調する。一種のソフト・パワー論である。

第三回「人間こそ歴史創出の主役」（復旦《ふくたん》大学　第六次・一九八四年）

中国では、歴史的経験を鏡や光源とし、現在を生き未来を方向づけるものとして尊重している点に注目し、司馬遷《しばせん》の『史記』を引用しつつ、歴史とは人間の運命への問いかけであり、歴史的記述も人間の外にあるのではなく、つねに内面にあるという。すなわち歴史は即《そく》自分史であることを強調している。

第四回「教育の道、文化の橋——私の一考察」（北京大学　第七次・一九九〇年）

中国における人間教育の思想を考察し、①つねに人間が機軸に据《す》えられている点、②人間の内面的陶冶《とうや》が第一義であるが、すぐさま経世済民《けいせいさいみん》の実践に転じゆく倫理性に注目し、人間の自己完成に即してコスモス（秩序）を形成しゆかんとする秩序感覚を評価している。

第五回「二十一世紀と東アジア文明」（中国社会科学院　第八次・一九九二年）

二十一世紀が欲する「共生のエートス」を深化させるために、孔子《こうし》の〝正名〟による秩序への模索《もさく》と、天台の〝作名〟による秩序の創出を対置させ、「現象世界の重視」と「秩序への志向」の重要性を強調している。

第六回「『人間主義』の限りなき地平」（深圳《しんせん》大学　第九次・一九九四年）

中国伝統の人間観や自然観を、すなわち人間は互いにつながりあって一個の有機体を成し、そのつながりは自然や宇宙へと広がり、万物が渾然《こんぜん》一体となった有機的全体像を構成する、と提示し、そこから導き出される人間主義に基づく〝等身大〟の思考方法に注目し、それを高く評価している。

これら以外に、香港とマカオでも学術講演を行っている。

「新しき人類意識を求めて」（マカオ東亜大学〈現マカオ大学〉一九九一年）

朱子学《しゅしがく》の「為己之学《いこしがく》」「克己復礼《こっきふくれい》」「自任」「自得」から導き出される、内省的自己が「礼」という社会の約束事を通して「他者」とかかわっていく視点、および人間、社会はどうあるべきか、に反映されている責任感覚を高く評価し、人類意識の新秩序形成をめざし、「五常《ごじょう》」（仁・義・礼・智・信）に現代的意味を付加している。

「『博文約礼』に脈打つ人格主義」（香港中文大学　一九九二年）

「人間」に立ち返り、「人間」の実践を通して、その正否を検証する志向を『論語』の「博《はく》文約礼《ぶんやくれい》」に見いだし、これを〝中国的人間主義〟と名付ける。同主義の象徴として「中庸《ちゅうよう》」を取り上げ考察。そこに社会変革に先立って、人間の内面的変革を第一義とする、人格主義ともいうべき理想主義的相貌《そうぼう》を見いだし、その重要性を強調している。

なお、以上八回の講演内容は、一連のものである。

「対談集・鼎談集」の発刊

池田会長は、第一次訪中前後から今日まで、一人の民間人として実に多くの各界の人々と会見し、有意義《ゆういぎ》な語らいを積《つ》み重《かさ》ねてきた。その中で、著名な文化人や知識人との語らいの内容は、学術界の注目されるところとなり、「対談集・鼎談《ていだん》集」として発刊されるようになった。

(1)敦煌《とんこう》芸術の権威・常書鴻《じょうしょこう》氏との対談『敦煌の光彩』（一九九〇年）

(2)武侠《ぶきょう》小説等で著名な作家・金庸《きんよう》氏との対談『旭日の世紀を求めて』（一九九八年）

(3)著名な国学大師・季羨林《きせんりん》氏と著名な仏教学者・蔣忠新《しょうちゅうしん》氏との鼎談『東洋の智慧を語る』（二〇〇二年）

(4)著名な新儒学者・杜維明《ドゥウェイミン》氏との対談『対話の文明』（二〇〇七年）

(5)著名な国学大師・饒宗頤《じょうそうい》氏との対談『文化と芸術の旅路』（二〇〇九年）

(6)著名な地理学者・張鏡湖《ちょうきょうこ》氏との対談『教育と文化の王道』（二〇一〇年）

(7)著名な歴史学者・章開沅《しょうかいげん》氏との対談『人間勝利の春秋――歴史と人生と教育を語る』（二〇一〇年）等である。

中国教育学会会長・顧明遠《こめいえん》氏との対談「平和の架け橋――人間教育を語る」と、中華文化促進会主席・高占祥《こうせんしょう》氏との対談「地球を結ぶ文化力」が研究雑誌等上で進められている（『地球を結ぶ文化力』は二〇一二年に単行本発刊）。中日の文化交流史に、新たな分野を開拓している。

中国歴代指導者との友好交流

池田会長の中国歴代指導者との友好交流は、日本国内でも変わることがない。一九七九年には周総理夫人の鄧穎超《とうえいちょう》氏と、八〇年には華国鋒《かこくほう》総理、八三年には胡耀邦《こようほう》総書記、八九年には李鵬《りほう》総理、九二年には江沢民《こうたくみん》総書記、九八年には胡錦濤《こきんとう》副主席、江沢民総書記、二〇〇七年には温家宝《おんかほう》総理、二〇〇八年には胡錦濤主席と、それぞれ東京で会見している。七四年に周総理と会見して以降、池田会長と中国歴代指導者との友好交流は一貫しており、ますます親密になっていった。

なお池田会長は、これら指導者との有意義《ゆういぎ》な語らいの内容を、多くの人々と分かち合うために、書籍として編集し出版している。例えば、鄧穎超氏と江沢民総書記は『世界の指導者と語る』（潮出版社）、鄧小平氏と胡錦濤副主席は『新たなる世紀を拓く』（読売新聞社）等の書籍の中に収めて広く紹介しているが、中国指導者への理解や中国を身近にとらえる良き機会を提供している。

教育文化交流

池田会長は、十度の訪中の中で、北京大学、復旦《ふくたん》大学、武漢《ぶかん》大学、深圳《しんせん》大学、上海《シャンハイ》大学を訪問し、大学首脳と日中の学術教育交流や青年教育、そして世界情勢等幅広くまた有意義な語らいを推進し、北京大学、復旦大学、深圳大学ではさらに学術講演も行っている。池田会長が創立した創価大学は、これらの大学を含め中国の三十余大学と学術教育交流協定を結び、学生、教員の相互の交流を積極的に推進している。なおこれらを順調なものにするために二〇〇六年、北京大学のそばに創価大学北京事務所を開設している。同事務所では、日中友好学術研究助成プログラムを設け、学術交流のさらなる推進を行っている。

池田会長の日中国交正常化への貢献のみならず、両国の教育交流や学術交流発展への多大な努力は、中国国内の教育界、学術界から高い評価を得るに至り、池田会長に対する名誉学術称号授与という形で表れている。

中国の大学等からの池田会長に対する名誉学術称号授与は、ある場合は訪中の中で、またある場合は日本で行われた。すでに百を超える大学等は、学長あるいは副学長を団長とした訪日団を派遣し、創価大学を表敬訪問し授与式を挙行している。二〇一〇年五月、清《せい》華《か》大学顧秉林《こへいりん》学長は代表団と共に来日し、池田会長に名誉教授称号を授与したが、中国大使館の程永華《ていえいか》大使も出席し、盛大な式典であった。なお程大使は、池田会長が創立した創価大学が、七五年に受け入れた中国国費留学生六名の中の一人であった。

池田会長はできる限り、それらの代表団と会見し教育談義の機会を設けている。このような語らいの中から、前述の『対談集』をはじめ、『私の世界交友録』『二十一世紀と人生を語る――世界の有識者との対談集』といった書籍が発刊され、教育談義の有意義な内容が広く紹介されている。

池田会長が切り開いた中国との教育交流は、現在、創価大学や創価学園、また創価学会教育本部を中心として、教員や学生、生徒等の交流やシンポジウムの開催、共同研究等の分野で大きく発展している。

文化交流

池田会長は、六八年「池田提言」の中で、文化交流や青年交流の重要性を訴えると同時に、自らもその先頭に立ち、積極的に推進した。九〇年の第七次訪中の際には、自身が撮影した作品による「自然との対話」写真展を北京の民族文化宮で開催し、江沢民《こうたくみん》主席を招待した。二〇〇二年には「池田大作詩歌書画撮影展」を、中国革命博物館で開催した。これは中国の著名な書画家が、池田会長の写真と著作から着想した作品を展示したもの。

文化交流については、池田会長が設立した「民主音楽協会」や「東京富士美術館」を中心として推進している。

本格的な中国との文化交流は、八五年に「シルクロード音楽の旅」代表団を招聘《しょうへい》したことに始まる。かつてシルクロードが東西の文化交流に、重要な役割を果たしたことが背景にあるのであろう。当時は中国とソ連の対立が影を落としていて、同公演の第四回では中ソ両国を招聘し、同じ舞台で同じ曲を奏で友情のステージをつくったことが、話題を呼んだ。このいわば「精神のシルクロード」形成の重要性は、池田会長がその十年前、モスクワ大学で「東西文化交流の新しい道」と題し記念講演をして以来、強調されてきたものである。

それ以降、シルクロード文化の貴重な文物が、世界初の規模で展示された「中国敦煌《とんこう》展」（八五年）、敦煌の保存に尽力した常書鴻《じょうしょこう》氏と嘉煌《かこう》氏の父子絵画展（九〇年）、現代美術を代表する「現代中国の美術展」（九一年）、四千年の歴史が息づく国宝級の文物が展示された「北京・故宮《こきゅう》博物院名宝展」（九五年）、千八百年前の中国大陸での出来事が出土品などの展示品から伝わってくる「大三国志展」（二〇〇八年）等の開催は、大きな反響を呼んだ。

一方、中国から有名な歌舞団《かぶだん》等を積極的に招聘《しょうへい》している。文化を愛する周総理が結成し育んだ「東方歌舞団」（九一年、九三年、二〇〇四年）、「中国新輝《しんき》芸術団」（九六年）、「中国中央民族歌舞団」（九八年）、「上海雑技団」（二〇〇〇年）、中日国交正常化三十周年を記念した「中国京劇団」（二〇〇二年）、「中国雑技団」（二〇〇七年）、「中国国家京劇院」（二〇〇九年）等の公演を実施している。これらは日本国内に、中国文化の心を伝えていった。

青年交流の背景にある周総理との会見

青年交流については、子孫末代のための友好促進に力をそそぎ、中国からの青年代表団には積極的に会見（詳細は第七章第三節）。池田会長が青年代表団と初めて会見したのは、七五年三月である。周総理との会見の三カ月後であった。

その後、七八年八月にも青年代表団と会見、八五年には胡錦濤《こきんとう》・中華全国青年連合会（全青連）主席を団長とした青年代表団と会見。その際、全青連と創価学会青年部との間に、正式な交流協定が結ばれた。その十三年後の九八年には、就任したばかりの胡錦濤国家副主席と日本で会見し、指導者論、日中関係等について意見交換をしている。この時の報道は、胡錦濤副主席を日本に紹介する一助となった。二〇〇八年には、国家主席となった胡錦濤氏と日本で再会している。

八七年十二月には、中日友好協会の青年代表団とも会見。九四年十一月には、全青連代表団が来日。創価学会青年部と新たな交流議定書に調印し、青年交流を一層定着させている。九七年四月には第十次訪中の直前にもかかわらず、来日した全青連代表団と会見した。

その後も、九九年四月、また二〇〇一年十二月、二〇〇二年五月、二〇〇四年四月、二〇〇五年四月と毎年のように、全青連派遣の青年代表団と会見を重《かさ》ねている。池田会長は毎回の出会いに際しては、さまざまな真心からの言葉で、歓迎また激励を送り続けている。例えば九九年四月の代表団には次のような詩を送っている[6]（抜粋）。

青年が腕《うで》を組もう！
手と手を握《にぎ》ろう！

「金の心の橋」を往来《おうらい》して
生涯に続く友情を　深く広く！
そして　ともに
民衆勝利の歴史を築きゆけ！

新しき世紀を呼ぶ　青年の熱と力
大中国を担《にな》う　全青連の活躍
若人《わこうど》は　人類の希望だ
命の炎《ほのお》を強く　心を熱くし
日中の絆《きずな》を　更《さら》に深めよう

池田会長が、青年代表団との交流をこのように重要視している背景は、周総理との会見とも密接な関係がある。九九年四月、全青連代表団と会見した際に次のように語っている。

「私が周総理にお会いしたとき、総理は七十六歳、私は四十六歳でした。きょうの私と皆さんの年齢差に近い。総理は、三十歳も若い私に『閣下』と呼びかけてくださいました。『何と謙虚な、素晴らしい人格の方か』と思いました。（中略）病状も大変な中、私を呼んで会ってくださった。一生、忘れません。中国の青年をお迎えする私の胸には、いつも周総理のお姿があるのです」

この心情こそが、子々孫々にわたる日中友好を、永遠にまた強固なものにしているのである。

池田研究の現状

池田会長の以上のような多面的で、友好的で、深い精神性を有する日中友好促進の行動は、多くの中国の人々から称賛《しょうさん》され、今日では池田会長自身に対する研究という現象が現れている（編訳者追加）。中央文献出版社から出版された『周恩来与池田大作』（二〇〇一年）、『周恩来 池田大作与中日友好』（二〇〇六年）、『中日関係中的周恩来与池田大作』（二〇〇六年）、『池田大作与中国』（二〇〇九年）、『中国領導人与池田大作的会見』（二〇〇九年）、『廖承志与池田大作』（二〇一一年）、また、南開《なんかい》大学出版社から出版された『周恩来、鄧穎超与池田大作』（二〇一一年、本書の原著）等がそれである。

さらに池田会長の思想や哲学を研究する研究会・研究所・研究センターが大学等に設立され始めた。二〇〇一年に北京大学で「池田大作研究会」が設立され、それ以降、湖南《こなんし》師範《はん》大学、中国文化大学（台湾）、中山《ちゅうざん》大学、華中《かちゅう》師範大学、遼寧《りょうねい》師範大学、武漢《ぶかん》大学、東北師範大学、広東《カントン》社会科学院、華南《かなん》師範大学、上海《シャンハイ》師範大学等、すでに二十八を数え、一年一回、シンポジウムを開催し研究成果の交流をしている。

二〇一〇年には、中山大学で「二十一世紀の新文明構築」と題し、六十五の大学・諸機関から約二〇〇名が参加し、第六回の池田大作思想国際学術シンポジウムが開催された。寄せられた論文は七十三編であった。なおこれまで討論したシンポジウムテーマは、

第一回目は「『二十一世紀への対話』と現代社会」（北京大学にて二〇〇五年）、

第二回目は「調和社会と調和世界」（華中師範大学にて二〇〇六年）、

第三回目は「多元文化と世界の調和」（湖南師範大学にて二〇〇七年）、

第四回目は「平和と教育」（北京師範大学にて二〇〇八年）、

第五回目は「人間主義と人類の発展」（遼寧師範大学にて二〇〇九年）であった。

二〇一一年には、過去六回のシンポジウムを回顧し、池田思想研究の新たな発展を模索《もさく》

するために、北京で「池田大作思想研究サミット」が開催されている。

周総理の母校・南開《なんかい》大学では学生団体「周恩来・池田大作研究会」が設立され、両氏の精神を継承している。学生団体としてはこのほかに、長春《ちょうしゅん》工業大学に「創価精神研究会」が、湖南師範大学に「池田大作研究会」が、遼寧師範大学に「池田大作思想研究会」が、大連《だいれん》工業大学に「池田大作読書会」が、韶関《しょうかん》学院に「池田大作思想学習会」がそれぞれ設立され、学生・青年の視線から学習・研究が進められている。

【注】

(1) 孔繁豊・紀亜光『周恩来、鄧穎超与池田大作』前掲　第7章より。
(2)『聖教新聞』一九九七年十一月一日付
(3)『聖教新聞』一九九七年十一月一日付
(4)『聖教新聞』一九九八年九月六日付
(5)『池田大作全集』第一二七巻、四二八〜四二九頁

(6)『聖教新聞』一九九九年四月六日付「中華全国青年連合会の皆様に贈る『金の心の橋』二十一世紀への光彩」から

第四章　鄧穎超と池田大作との八回の会見[1]

（孔繁豊・紀亜光）

一九七八年より、鄧穎超《とうえいちょう》氏は生前（一九九二年に逝去《せいきょ》）八回、池田会長と会見している。数多くの日本の友人の中で、鄧氏と最も深い友情を結んだのは、おそらく池田会長が唯一《ゆいいつ》といってよいであろう。ある時は、政治論議であり、ある時は、古くからの友人として友好を深める語らい、そしてあるときは、まるで親戚同士のような心ゆくまでのひとときもあった。以下、中日友好発展のための八回の会見を紹介しよう。

北京の歓迎宴での出会い

第一回会見は、一九七八年九月十七日。池田会長を団長とする創価学会第四次訪中団の歓迎宴の折であった。全人代常務委員会副委員長である鄧穎超氏もこの歓迎宴に出席していた。

その席で、鄧氏は池田会長が提案した明年四月の日本訪問については、こう話している。「桜が好きだった恩来《おんらい》同志に代わって、桜の満開のときに、お国へ行き、日本の友人の方々にお礼を申しあげたいのです。そして、友情をさらに深めるために行きたいのです」。

第二回会見は、二日後の九月十九日。池田会長は答礼宴《とうれいえん》で、自身の訪中を記録した写真集『緑の大地に友誼《ゆうぎ》の春』を鄧穎超氏に贈った。鄧氏はその場にいた撮影記者と握手を交わし、記者をほめたたえてこう話した。

「あなたは中国人民との友情をみごとに写真に納《おさ》めました。写真を印刷し、人々がそこから友情というものを目に留めることにより、さらに友情の輪を広げることができます。『一《いち》見如故《げんじょこ》（初対面で旧友のように親しむこと）』という言葉がありますが、創価学会訪中団の皆さま方とは、もう全員が古い友人です。一見どころか、二見もしたのですから」。

東京の迎賓館での再会

鄧穎超氏と池田会長の第三回目の会見は一九七九年四月、鄧氏を団長とする中国全人代代表団が日本を訪問した折である。十二日午後、鄧氏の宿泊先の迎賓館《げいひんかん》（東京・赤坂）で池田会長夫妻は会見している。

貴賓室《きひんしつ》の中は、春の雰囲気で満ちあふれ、桜のつぼみが、今にも咲き出しそうであった。

池田会長は、鄧氏の訪日に対して、最大の歓迎の意を表してこのように述べている。

「このたびのご訪問は、春の桜のように、歴史に薫《かお》り残るでありましょう。残念なことに今年の東京の桜は例年よりも早く、二、三日前の春嵐《しゅんらん》でほとんどの花が散ってしまいました。せめてもと思い、東北で咲いている八重桜《やえざくら》をお届けさせていただきました」。

鄧穎超《とうえいちょう》氏は、感謝の意を表し、

「日本の友人の友好的な感情は、私たちの心の中に、非常にすばらしい印象として残るに違いありません。私たちは、国に帰ってからも、皆さん方の友情が桜のように美しいものであることを、折にふれて思い出すに違いありません。とりわけ毎年、桜の咲くころには、最も懐《なつ》かしく思い出されることでしょう」と応えた。

池田会長は一冊のアルバムを取り出し、中の写真を指差して鄧氏に、

「一九七四年十二月、私が北京を訪問した折、周総理はご多忙な中、私と会見してくださいました。周総理に対する崇敬《すうけい》の念を表す意味で、その翌年の秋、私は中国の留学生に提案して、創価大学のキャンパスにある文学の池の近くに、一本の桜の木を植樹してもらい、『周桜』と命名いたしました。今回の鄧副委員長の訪日を歓迎するために、私たちは四月七日、さらに二本の桜の木を植樹しました。名前は『周夫婦桜《めおとざくら》』といたしました。これらの木はきっと大きく枝を伸ばし、多くの枝葉を茂らせることでしょう」と述べた。

池田会長の周総理に対する、このような真摯《しんし》な思いに対して、鄧氏は心より感謝の意を表した。さらに創価大学が中国の留学生を大切にしてくれていることにも、重《かさ》ねて感謝の意を表した。

まもなく会見が終了しようとしている時、池田会長は鄧氏にこう語りかけた。

創価大学構内の「周桜」　© Seikyo Shimbun

「信頼する鄧穎超《とうえいちょう》先生ですから、お伝えいたします。創価学会の会長職を十九年間担《にな》ってまいりましたが、学会の大きな節目を迎えるにあたり、そろそろ交代したいと考えています」。

鄧氏は池田会長をいたわるようにこう述べている。

「いけません。それは、いけません。まだまだ若すぎます。そしてなによりもあなたは人民から多くの支持《しじ》を得ています。人民の支持のあるかぎり、やめてはいけません。一歩も引いてはいけません」。

会見の際、鄧氏は、池田会長が提起した日本での「周恩来展」開催の提案、中国のサミット参加の意向の有無について熱心に応じ、その場に同席していた中国の友人を一人ひとり紹介した。別れ際に、鄧氏は池田会長に心をこめて、再度中国へ訪問するよう求めた。

北京の西花庁等で周総理を偲《しの》ぶ

一九八〇年四月二十一日から二十九日まで、池田会長を団長とする創価学会第五次訪中団が招待に応じ、中国を訪問。その期間中、鄧穎超氏は多忙な中、三度にわたって池田会長と夫人、および代表団員と会見した。

四月二十二日午前、鄧氏は周恩来と彼女が共に二十六年間生活した、中南海《ちゅうなんかい》の西花庁《せいかちょう》の住宅で、池田会長をはじめとする十三名の日本の友人と会見（第四回会見）。そこは、鄧氏が周恩来亡き後、重要な客人とよく会見した場所である。応接室の中には、池田会長が前回の訪中時に撮った鄧氏との記念写真が飾られてあった。この日、鄧氏は西花庁の前にある庭に、彼らを真心で迎え、美しい陽光の下で、記念撮影をした。

鄧氏は、池田会長の「ご自宅にお招きいただき、大変光栄です」との言葉に応じて次のよう述べた。

「池田先生、お待ちしておりました。一年半ぶりですね。この応接室は、恩来同志が人民大会堂の完成まで、いつもここで外国のお客さまと会ったところです。私も、今年になって初めてこの応接室で外国のお客さまとお会いします」と。

その後、鄧氏は、一年前訪日した折に受けた、自分に対する熱いもてなしに対し、池田会長に再度、感謝の意を表した。それに応えて池田会長は次のように述べた。

「去年桜が満開の頃、貴方《あなた》は日本を訪問され、日本人に美しい印象を留めてくださいました。まるで、美しい花びらが人々の心の中に花開いたようでした」と。

「五・四運動」が仲人

会見は鄧穎超《とうえいちょう》氏が、池田会長が提起した質問について答えた後、自身と周恩来が知り合った経過の話に移り、そこで次のように話した。

「一九一九年、中国の学生は『五《ご》・四《し》運動』の先頭に立って、反帝愛国主義を展開しました。恩来同志も私も天津《てんしん》で勉強する学生でした。恩来同志は南開《なんかい》大学、私は当時の河北省《かほくしょう》の直隷《ちょくれい》第一師範《しはん》学校で勉強していました。

当時は、まだ封建《ほうけん》思想の束縛《そくばく》を受けており、男女が運動する場合も別々の組織を作って運動をしていました。しかし、運動がどんどん展開するうちに、そういう封建的な囲《かこ》いを突き破っていったのです。この運動の中で、お互いに接触《せっしょく》するようになりました。

私たちの思想、認識、見識というものは、一致した方向に発展していきました。こうして理解が深められる中で、愛情が生まれたのです。

日本的な言葉で『仲人《なこうど》はだれか?』と聞かれれば、仲人はいませんが、しいて仲人といえば、『五・四運動』といえるでしょう」。

一時間半の語らいが終わった後、鄧氏は池田会長ら十三人の友人を連れて、海棠《かいどう》やライ

若き日の周恩来・鄧穎超夫妻（1930 年代）　© Archives21/PPS

ラックが咲き誇る庭園へ案内した。鄧氏は池田会長に次のように話した。
「外国の友人でこの庭を散策したのは、きょうで三人目です。ぜひ、池田先生にご覧いただきたいと思っていました。あそこの部屋が、恩来同志が仕事をしていたところです」と。

周総理の遺灰

その日の昼、鄧穎超氏は人民大会堂で歓迎宴を開催し、池田会長と夫人一行を招待（第五回会見）。席上、鄧氏は皆に向かって、周総理の遺灰《いはい》を中国の大地に撒《ま》いたことについて次のように述べた。

「若い日、恩来同志と二人で約束したことがあります。それは、人民のために奉仕《ほうし》するということです。死んでもこのことは同じです。したがって、遺骨《いこつ》は保存しない、と二人で約束し合ったのです。恩来同志は重病になって両脇を看護の人に支《ささ》えられるようになったとき『私たち二人の約束を必ず実行してくれるんだよ』と、念《ねん》を押しました。

恩来同志が亡《な》くなったとき、私が党中央に出した唯一《ゆいいつ》のお願いは、遺骨を保存しないで、祖国の大地に撒《ま》いていただきたいということでした。この願いを毛《もう》主席と党中央が聞いてくれたことは、私にとって大きななぐさめになりました。私は、まず、恩来同志の生前の願いを果たすことができました。

遺骨を保存しないということは、わが国の風俗習慣《ふうぞくしゅうかん》を改めるための革命的行動です。恩来同志が逝去《せいきょ》した当時、遺骨を撒くとき、少しでも象徴《しょうちょう》として残してほしいという人もいました。しかし、私は革命である以上、少しも残さない、と言いました」と。

続けて、鄧氏はそれに関連したうわさがあるが、その真相について次のように述べた。

「その間、一部に作り話ができました。恩来同志の遺骨の一部は、こっそりと保管されている。台湾《タイワン》が解放されたときに、そこに撒くことになっている、というものです。しかし、これは間違いです。遺骨は少しもありません。

遺骨は大地に穴を掘《ほ》って埋めて肥料として、人民にお返ししたいとも考えました。

私もかつて思ったことがあります。一つの穴を掘って、遺灰を埋め、肥料として人民に再度、幸福をもたらしたい」と。

鄧氏はさらに説明を続けて次のように述べた。

「しかし、恩来同志が死んだときはちょうど真冬で、大地が全部凍《こお》っていました。したがって穴を掘るわけにはいきませんでした。川も凍っているので、穴をあけて流すわけにはいかなかったのです」と。

最後に彼女は次のように述べた。

「それに、もうひとつ理由があります。遺体が火葬されるとき、見送るために長安街《ちょうあんがい》の両側を百万の人々が埋め尽くしました。その姿を見て、もし恩来同志の遺骨をひとつのところに埋めたら、みんなが一カ所に集まってしまう。これでは、大混乱になる。

そういうわけで、祖国の大地に遺骨を撒き、川に流しました。しかし、じつは私がとった恩来同志の遺骨の処理問題は、中国でもなかなか理解されませんでした。

人々は、遺骨をあまりにも尊くみています。しかし、そのための建物を作り、場所をとらねばならなくなってきます。新しい風習は、提唱していくうちに、多くの人々の『心』の中にも風習として固まっていくことでしょう」と。

親しみを込めて鄧穎超大姐《ダージエ》

四月二十四日の昼、池田会長は、風光明媚《ふうこうめいび》な北京の北海《ほっかい》公園にある仿膳飯荘《ほうぜんはんそう》で、答礼宴《とうれいえん》を開催。鄧穎超《とうえいちょう》氏は招待に応じて出席した。この大変短い数日間の中での第三回目の会見であり、初めての会見から数えて第六回目の会見でもあった。

その中で池田会長は、今回の北京大学の名誉教授称号の拝受、および北京の四日間の間で受けた数々のもてなしに対し、心からの感謝を表した。さらに、中国が改革開放の時代の中で、日増しに発展している様子を直接目にし、中国人の新たな気概を感じたことを述べた。

その後で、前日に鄧氏をお訪《たず》ねし、直接、周恩来総理の一生の事績の話を拝聴《はいちょう》したことは、生涯忘れることはないだろうと語り、さらに、アジアと世界の平和を守ることにおいて、日中友好は大変に重要で、現在両国の友好の責任は次の世代の肩にかかっており、鄧穎超大姐《ダージエ》（注意：池田会長は鄧氏への呼び方を〔一般的な敬称から、親しみを込めて年上の女性を呼ぶ「大姐」〈一番上の姉の意〉に〕変えている――著者）のことをしっかり記憶し忘れないならば、歴史問題が日中友好の束縛《そくばく》になることはないと強調した。そして最後に、日中友誼《ゆうぎ》の花が世々代々にわたって、大きく実を結んでいくことを切望した。

鄧氏は挨拶《あいさつ》の中で、池田会長が今回の訪中で、北京大学名誉教授の称号を受けたことに対し、次のように心からの祝いの言葉を述べた。

「池田大作先生の名は、中国の人民、民衆の間でよく知られており、中日友好のために貢《こう》献《けん》された古い友人であることをよく知っています。

時間が過ぎるのは早いもので、先般、池田先生がいらしたときにも、やはりこの場所で盛大な晩餐会《ばんさんかい》を催してくださいました。この前に創価学会の先生方がいらして、その機会に深めた私たちの友情と交流した光景が、まだはっきりと私の頭に残っています。その記憶が鮮明《せんめい》な間に、また、新しい友情が築かれたことを、私は格別にうれしく思います。

池田先生は、さきほど中日両国人民は引き続き友情の花を咲かせ、友情の果実を実らせていただきたい、と言われました。私もまた、まったく同感ですので、私は重《かさ》ねては申しません。

……中国人民と日本人民の友情の関係は、同じ言葉で表されます。つまり『世々代々《せせだいだい》、子々孫々《ししそんそん》』で仲良くつきあっていくことであります。中日友好に力を尽くしてこられた池田先生ならびに創価学会代表の訪中は、今度で五回目ですが、これからも頻繁《ひんぱん》に続いていくことを期待します。そのたびごとに、私は、熱烈に歓迎いたします。私たちは、中日友好を発展させるために尽力《じんりょく》された池田先生の精神に学んで、ともどもに友情をさらに固め、友情の花をいっそう美しく、いっそう豊かな果実を実らせていきたいと思います。

また、両国の平和のために、アジアと太平洋地域の平和のために、ともどもに寄与しようではありませんか。

（最後に、彼女は池田会長および訪中団の諸先生に向かって述べた）どうか日本の全創価学会員の皆さんに、私たち中国人民の友好の思いを伝えてください」。

若い世代に託した中日友好

一九八四年六月四日から十日まで、池田会長を団長とする創価学会第六次訪中団が、招待に応じ中国を訪問。期間中、鄧穎超《とうえいちょう》氏と池田会長は第七回目の会見を行った。

六月四日の晩、鄧氏は人民大会堂で池田会長一行と会見。池田会長は開口一番、「『人民のお母さま』にお会いできてとてもうれしいです」と。それに対して鄧氏は「私も同感です。ようこそ」と応じた。

心こもる友好的な懇談の中、鄧氏は池田会長が中日友好事業に貢献してきたことに対し、大変に高く評価して次のように述べた。

「池田先生がなされる仕事のこと、すなわち創価学会や創価大学のことをいつも思い浮かべています。また、池田先生が日本を訪れた中国の人々を、心を込めて歓迎してくださっていることに、私は心から感謝いたします」と。

池田会長が鄧氏に、訪中団の創価学会青年部の数人の代表を紹介。そして、新世紀に向けて新しい力を育成するため、創価学会の青年に対して中国への理解を深め、日中両国の信義と友誼《ゆうぎ》の絆《きずな》をいっそう強めていきたいと述べた。鄧氏はこれに全面的に賛同し、訪中団に中国側のリーダーたちを紹介した。彼女は言葉を強めて言った。

「私どもも若い世代を、また後継者をできるだけ早く成長させるために努力しています。きょうも王兆国《おうちょうこく》・共青団中央委員会第一書記をはじめ、若い人が同席しています。池田先生が言われたように、二十一世紀はこれからの青年が大事です。中日両国の青年の絆が大切です」と。

会見は終始、心こもる友好的な雰囲気の中で行われた。会見終了時に、池田会長に一冊のサンスクリット語版《妙法蓮華経》が贈られた。池田会長は次のようにお礼の言葉を述べた。

「大変に光栄です。貴重なものをありがとうございます。貴国《きこく》は仏教伝来の恩人の国です。ご恩は決して忘れません」と。

周総理、鄧穎超氏の友情の形見

鄧穎超《とうえいちょう》氏と池田会長の第八回目の会見。この会見は、池田会長の一九九〇年五月の第七次訪中の期間に行われた。この時、鄧氏はすでに八十六歳の高齢で、党内外の指導的な仕事はもう担当していなかった。

池田会長の率《ひき》いる創価学会第七次訪問団と友好交流団は、一九九〇年五月二十七日、北京に到着。二日目、一行は鄧氏に今回の目的である創価大学理事会より託された、〝創価大学最高栄誉賞〟の証書と教職員バッジを持参。池田会長夫人が、バッジを鄧氏の胸につけた。

池田会長は、鄧氏が齢八十を超えていることを考え、彼女に授賞の後、すぐに失礼しようと思っていたが、しかし鄧氏は、池田会長一行と西花庁《せいかちょう》で親しく語り合った。いったん話し始めると三十分以上もたってしまった。

応接室の壁にかかっていた、一枚の等身大の周恩来夫婦の肖像画は、顔色もよく意気軒《いきけん》昂《こう》で、躍如《やくじょ》として本物のようであった。一九八九年の秋、池田会長が新中国建国四十周年の記念として、特別に日本の著名な画家に丹精《たんせい》こめて制作してもらい、鄧氏に贈ったものである。話はこのことについての話題から始まった。

鄧氏は次のように述べた。

「私は、この部屋で、外国の友人を迎えるたびに、この絵を見せて、周総理の思い出や、総理と池田先生との友情のことを紹介しています。私の一生の中でも、こんなにすばらしい贈り物はありません。総理も、さぞかし喜んでいることでしょう」と。

続いて、池田会長は持参したアルバムを鄧氏に贈り、その中の一枚を「創価大学にある周夫婦桜《めおと》も、こんなに大きくなりました。今年も満開でした」と紹介しながら、池田会長がこの桜を育てるのと同じように、鄧氏との友情および日中両国の人民の間の友情も育てていかねばならないと語ると、鄧氏は「前に（アルバムを）見たときよりも、ずいぶん、大きくなりましたね」と、感慨深げにうなずくように述べた。

会見中、池田会長は再度、周総理と鄧氏への敬慕《けいぼ》の思いから、「先生は、中国人民の〝お母さん〟です。日本の多くの人民も、尊敬し慕《した》っています。その人々の敬愛のメッセージも私は携《たずさ》えてまいりました」と語ると、鄧氏は「私は池田先生と日本の友人に心から感謝いたします」と応え、池田会長は続けて次のように述べた。

「お母さんは、いつまでもお元気であってください。いつまでも、ご長寿であってください。お母さんが元気であれば、子どもは皆、元気です……周総理ご夫妻は、いわば〝人民の親〟です。全中国の人々に、希望と幸福を与え、さらに世界の人々にも、気高《けだか》い理想と、勇気の力を示されました。これからも、人々を見守る〝母鶴《ははづる》〟として、ご長寿であってくださ い。私はきょう、お元気なお顔を見て、本当にうれしいのです」と。

それに対して、鄧氏は「ありがとうございます。池田先生は、いつも私と恩来同志を高く評価してくださいますが、過大評価ではないでしょうか。二人とも、それほど多くの仕事をしたわけではありません」と応じた。そして鄧氏は他の話題に移し、次のように述べた。「池田先生は私どもにとって月並みな友人ではありません。格別な方です。先生は、これまで六回も代表団を率《ひき》いて訪中されました。そのたびに中日人民の友好と相互理解は増進しました。

今回の第七次訪中団は、友好交流団も含めると、これまでにない大規模なものです。しかも交流団には、初めて訪中される方が多いと、うかがっています。両国の友情にとって有意義《ゆういぎ》なことです。中日の友好の発展と、名誉会長ならびに創価学会の皆さまのご努力は切り離すことができません。心より感謝しています」と。

池田会長はこれに「私どものほうこそ、大勢にもかかわらず歓迎していただき、深謝申しあげます」と応じた。この時、話題は翌日開幕する池田大作写真展に移った。鄧氏は次のように述べた。

「とくに今回は、名誉会長の『写真展』(「自然と平和との対話」)が北京で開催され、みずから写されたすばらしい作品が展示されます。北京で外国人の写真展が行われることはありますが、名誉会長のような大きな立場の指導者による写真展は初めてです。必ず成功すると確信します。

そして、今回の訪中は、中日友好の花園に、美しい大輪の花を加えてくださったと思います。これまでの花の上に、さらに見事な花が加わったのです。その意味を込めて、写真展のお祝いに、花籠《はなかご》をお贈りします」と。

池田会長はすぐに「真心、ありがとうございます。私はお母さんに見守っていただいているだけで、十二分に胸を打たれます」と返礼を述べた。それに対し鄧氏は続けて次のように言った。

「以前にも、先生の写真集を見せていただきました。それを見ていると、世界各国の事情がわかるような気がします。全世界の様子を理解するつもりで、先生の写真を見るのです。また先生は、社会的な活動ばかりでなく、写真でも高い技術をもたれているのですね」と。

池田会長がそれに対して、「それこそ過大評価です。ところで周総理は、写真を撮られましたか?」とさらに尋ねたことに、鄧氏は「総理は写真の趣味もありましたし、撮ることもできました。しかし、実際には彼の多忙さが、カメラを手にすることを許しませんでした」と応えた。池田会長はそれを聞いて感嘆して、「人民に尽くされたご一生でした。革命に捧《ささ》げた、あまりにも尊い『全心全意《ぜんしんぜんい》』のご生涯でした。私は真実、胸奥《きょうおう》より総理を尊敬しています」と。

そこで池田会長が、鄧氏がお疲れになるのを心配して、「きょうのところは、ひとまず、おいとましたいと思います」と申し出たことに対して、鄧氏は立ち上がって次のように述べた。

「ぜひ池田先生に、お贈りしたいと思い、用意しました……私は、生前の総理の名誉会長への心情をよく知っておりますので（遺品を）お贈りすることにしました。これをご覧になって、総理を偲《しの》んでください。先生と総理の友情の形見《かたみ》として」と。

鄧氏は、周総理が生前よく使っていた象牙《ぞうげ》のペーパーナイフと、彼女がよく使っていた玉製《ぎょくせい》の筆立てを、池田会長に贈った。

（このペーパーナイフの贈呈には、次のような鄧氏の深い思いが込められていた。鄧氏の趙煒《ちょうい》秘書は次のように語っている。「実は、ペーパーナイフは、総理が亡くなったため、『歴史文物』となっていました。貴重なものなので、国外に出すことに周囲の反対もありました。でも、鄧お姉さんは、『中国に置いてあっても、日本にあっても、大事にしてくれるから同じですよ』と言って、それをお贈りすることを決めたのです。鄧お姉さんは、池田先生の友情に対するお返しとして、どうしても差

し上げたいと思っておられたのです」と。[2]—編訳者追加）

池田会長は感動して、「周総理の〝魂〟をいただいたと思います。これ以上の栄誉はありません。世界のいかなる宝よりも尊い贈り物です」と。さらに、「日中の友好は私の信念です。全力を尽くして進みます。鄧先生そして周総理に、安心していただけるよう努力してまいります。本日は本当に励まされました」と述べた。

鄧氏は意をまだ尽くさずの様子で、「励まされたのは私のほうです。お会いできなかった友人に、くれぐれも、よろしくお伝えください。また、ご子息も見えられていますが、私どもは家族です。奥さまも変わらず、お美しいですね。きょうは本当にうれしかった」と。

別れを惜《お》しみながら、鄧氏はもしかしたら、彼らの間でこれが最後の会見になるかもしれないと思いながら、池田会長一行を玄関まで見送った。

池田会長夫妻も同じような予感を覚えながら、玄関でずっと見送られる鄧氏が目に入ると、すぐにまた車から降りて、再度、鄧氏とお別れをした。彼らは固く三人の両手を共に握り締め、互いを見つめ、互いにお元気でと……。

中日双方の共同の努力のもと、創価学会代表団は、第七次訪中を円満に成功させることができた。五月三十一日代表団が行った答礼宴《とうれいえん》の席上、池田会長は興奮した様子で次のように語った。

「今回の訪問中、私は希望していた鄧穎超《とうえいちょう》先生とお会いすることができました。鄧先生はお母さんのように私に言いました。

『私たちは家族です』

鄧穎超先生との会見は、私たち夫婦にとって永遠に忘れることができない黄金の貴重な時間です。私は鄧先生の真心をなんと表現したらいいかわかりません。こまやかで終始極めて率直《そっちょく》で誠意があり、これらはすべて周総理のようでした……」。

鄧氏と池田会長の第八回会見、これは彼らの間の深くて厚い友誼《ゆうぎ》の真実の描写であり、源遠流長《げんおんりゅうちょう》の中日友好史上の一つの美しい物語となっている。

【注】

(1)孔繁豊・紀亜光『周恩来、鄧穎超与池田大作』第6章第3節

(2)高橋 強・水上弘子、周恩来・鄧穎超研究会編『人民の母――鄧穎超』白帝社 二〇〇四年二月 二二四頁

第五章　池田大作の「心」の中の周恩来

池田会長の周恩来《しゅうおんらい》総理および周恩来研究に対する見方をもう一歩理解するために、『周恩来と池田大作』編集グループが書面で質問を行い、それに対して、池田会長は、書面で回答を寄せてくれた（一九九九年四月八日）。

〈以下、南開大学周恩来研究センター著、王永祥編『周恩来と池田大作』〈朝日ソノラマ、二〇〇二年一月刊〉より転載〉

（質問一）周恩来の精神と人格をどのように理解されていますか

一、歴史を見通す巨視眼《きょしがん》。人の心のひだまで見抜く顕微鏡《けんびきょう》の目。周総理は両方を備《そな》えておられた

「二十世紀の諸葛孔明《しょかつこうめい》」と私は言い続けてきました。今世紀を代表する大政治家であられた。みずからはトップに立たず、重荷だけを担《にな》って立った百戦不撓《ひゃくせんふとう》の闘将《とうしょう》であり、物腰やわらかな名外交官であり、具体的実務に長《た》けた行政長官《ぎょうせいちょうかん》であられた。

それらすべてが十億人の民を担《にな》う「責任感」に発しておられた。人の心をつかむ「将《しょう》の

将」の人間的魅力《みりょく》と度量《どりょう》をもっておられた。乱世《らんせ》の中国を、太平《たいへい》の世に転じ、繁栄《はんえい》の中国へと転じきっていく――歴史の大転換の回転軸が総理でありました。総理は、わが身を軋《きし》ませながら、一切に耐《た》え抜《ぬ》かれた。無私《むし》の人生であられた。自分の栄達《えいたつ》など眼中になく、ただ人民のためでありました。そのためだけに全身全霊《ぜんしんぜんれい》を捧《ささ》げきっておられた。この「人民のため」というのは、ただ中国の人民だけに限られたものではありませんでした。

六二年、日本の部落解放同盟《ぶらくかいほうどうめい》の代表が中国を訪れたときのことです。団長は、周総理が多忙な時間をさいてくれたことに、心から感謝しました。すると総理は、こう言われたという。

「何をいいますか。日本の中でいちばん虐《しいた》げられ、いちばん苦しんでいる人たちが中国に来ているのに、その人たちと会わない総理だったら、中国の総理ではありませんよ」と。

総理にとって「人民」とは、中国だけの「人民」ではなかったのであります。中国人、日本人のわけへだてなく、一人の人間として、誠実を尽《つ》くしておられた。日本人の中にも、総理を「師」と仰《あお》ぐ人が、たくさんおります。

「人民のため」には、あるときは一人の子どもに対する愛情といったかたちとなって表れました。こんなエピソードが忘れられません。ある日、周総理が飛行機で移動したときのこと。突然、機体が激《はげ》しい寒気団に見舞《みま》われ、操縦《そうじゅう》が困難《こんなん》になった。非常事態です。機内は緊張し、万一の場合に備《そな》えて、パラシュートの着用が徹底された。そのとき、かん高い女の子の泣き声が聞こえた。その女の子の座席には、たまたまパラシュートがなかったのです。

総理は、それに気づくと、すぐに自分のパラシュートをはずし、すばやく、その子どもの背中につけました。そして、こう語りかけたという。

「泣いてはいけない。勇敢《ゆうかん》で強くなければならない。そして困難や危険《きけん》と厳《きび》しく戦わなければいけない」と。他のだれが、こんな行動をとれるでしょう。

人民への愛情について、こんな話もあります。七四年十二月、私は周総理にお会いしました。その二カ月後、七五年二月に、総理は大きな手術を受けられました。手術の直後、手術台の上から総理は、責任者の医師をそばに呼び、こう指示された。

「雲南《ユンナン》の錫《すず》をとる炭坑労働者たちの肺癌《はいがん》の発生状況を、きみは知っているかね」「きみたちは、この問題をどうしても解決しなくてはならない。すぐゆきなさい」と。手術台の上からも、遠く雲南で働く人々の健康を気遣《きづか》われていた。民衆への愛情があふれていた。

総理は闘病生活にあっても、「私はまだ、ものを聞くこともできるし、頭も働く」と仕事の手を休めようとはしなかった。頭脳を明晰《めいせき》に保つために、痛み止めの薬さえ断《ことわ》ったと、うかがっています。激痛《げきつう》に耐《た》えながら、最後の最後まで「人民に奉仕《ほうし》」された。

周総理のこの気高い精神について、総理夫人の鄧穎超《とうえいちょう》女史は次のように述懐《じゅっかい》されています。

「若い日、恩来同志と二人で約束したことがあります。それは、人民のために奉仕するということです。恩来同志が死んでも、このことは同じです」と。

女史は遠い日の記憶を解《と》きほぐすように、しかし毅然《きぜん》として言われた。八〇年四月、女史を北京《ペキン》・中南海《ちゅうなんかい》のご自宅に訪《たず》ねた折のことであります。

「恩来同志は、重病になって両脇を看護の人に支《ささ》えられるようになったとき、『私たち二人の約束を必ず実行してくれるんだよ』と念《ねん》を押しました」

一言一言が私の胸を射ました。深い愛情と尊敬、そして信念で結ばれた、強靭《きょうじん》な夫婦の絆《きずな》に心打たれました。女史の胸奥《きょうおう》には、今なお周総理が生き続けておられる。そう実感しました。

周総理は、徹底して「人民のために」「ただ人民のために」生きてこられました。多くの指導者は「自分のため」です。総理こそ、すべての指導者の模範《もはん》中の模範であります。仏法でいう「菩薩《ぼさつ》」の姿であられた。そう私は心から称賛《しょうさん》するものです。

ゆえに、「青年よ、周総理に学べ」と私は声を大にして訴えたい。これから何千、何万、何十万という「新世紀の周総理」が出なければならない。

振り返れば、十九歳の周青年は、社会の変革の方途《ほうと》を探究《たんきゅう》しながら、「人の心も、また、変わらなければならない」と、人間それ自体の変革を深く志向《しこう》しておりました。

周青年の胸には、「人間社会の余計なことには、かかわらないほうがいい」という考えが、時としてよぎることもあったといわれる。しかし、それではいけない、と。煩悶《はんもん》しながら、道を求め、周青年は「人類との関係を断ってはならない。自分と縁《えん》あるものを、一つ一つ大切にし、決して断絶してはならない」との決意を固めていくのであります。

ひとりよがりの自己満足ではいけない。一人で勝手に生きるのでは何の意義もない人生である。

ともあれ、生ある限り、全身全霊《ぜんしんぜんれい》、民衆のために戦い続ける、これこそが周総理と鄧穎《とうえい》超《ちょう》夫人の一生を貫いた大哲学であったと私は信じるものであります。

二、人の心をつかむ名人でした

中国の古言にいわく。「人と交《まじ》わるには心で交われ。樹《き》に注《そそ》ぐには根に注げ」。心を大事にし、人の心をとらえる——周総理は真の政治を知っている方であったと思います。どんな国、どんな民族の人であれ、対立する人間でさえも結びつける力をもっておられた。「人の心を結ぶ人」であられた。難《むずか》しい問題も、まずお互いの心を開いて対話し、誠実な、忍耐強い取り組みで解決していかれた。

周総理は、母校の発展にも心を砕《くだ》かれておられました。

五五年五月、南開大学の創立四十周年に母校を訪問されました。周総理は愛する母校の後輩たちに、率直《そっちょく》に、こう語りかけました。

「大学生の一部に、学生の本分《ほんぶん》を見失《みうしな》って、食べ物や着る物など、享楽《きょうらく》にふける風潮《ふうちょう》が、はびこっています。しかし、人民が皆さんを大学に入れたのです。それなのに、こうした学生は、知識があれば、それを利用して、人民と駆《か》け引きができると思いこんでいる。皆さんは、人民の子なのです。皆さんは、片時《かたとき》も、人民を忘れてはなりません」と。

要するに、何のために学び、何のために大学を出るのか。

「自分のため」なのか。それとも「人民のため」「民衆のため」なのか。この根本の一点を、総理は、なかんずくみずからの直系の南開大学生には、確固と受け継いでほしかったのでありましょう。

なお、五九年五月に訪問されたときには、突然、学生食堂の厨房《ちゅうぼう》に入られ、一人の炊事《すいじ》員《いん》に手を差し出された。だが彼女の手は粉だらけ。急いで水で洗ったが、かえって粉がねばついてしまった。ためらう彼女に総理は言われた。

「気にしないで。気にしないで」

そして炊事員の手をがっちりと握《にぎ》られ、陰の人を大切にされた。「学生がだれに支《ささ》えられているのか」を、総理は身をもって伝えておきたかったのではないでしょうか。

三、「革命は死なり」の精神が光っておられた

鄧穎超《とうえいちょう》女史は、次のように述懐《じゅっかい》されたことがあります。

注1　カール・リープクネヒト〈1871 ～ 1919〉　ドイツの社会主義者。ローザ・ルクセンブルク〈1870 ～ 1919〉　ドイツの女性社会主義者。ともに政府軍に虐殺された

「あるとき、私は突然、『リープクネヒト』と『ルクセンブルク』（注1）の像が写った絵はがきを受け取りました。あなたからです。あなたは、その絵はがきに、勇《いさ》ましい革命の誓《ちか》いを、したためておられました。『僕たち二人が、将来、彼ら二人のように、共に断頭《だんとう》台《だい》に上ることを望《のぞ》む』と」

周青年は、〝この二人のように、自分たちも革命のために殉《じゅん》じよう〟と、若き鄧穎超さんに呼びかけたのであります。まさに殉難《じゅんなん》の精神であります。なんと誇《ほこ》り高き「青年の誓い」でありましょうか。

周総理の「革命は死なり」の精神は、伝えられる次の信念にも表れております。

「いちばんいい死に方は、人民を抑圧《よくあつ》する者との戦いのなかで、撃《う》たれて死ぬことだ。しかし今は平時だ。だから人民のために働いて働いて、尽くして尽くし抜いて、命を消耗《しょうもう》させていけば、立派に死ぬことができる」と。

周総理は、こういう覚悟《かくご》の指導者であられた。

立派に死ぬという覚悟。それは、総理が二十代につくられた詩の一節にも見られます。

たくましく鋤《すき》をふるい
未開《みかい》の大地を切り開こう
種《たね》を人間界に播《ま》き
血を大地に注《そそ》ごう
別離は人の世の常
行末はさらに永別《えいべつ》あり！
されど生死の悟《さと》りに徹《てっ》し
立派に生き
立派に死ぬ覚悟あればよし
永別の日の来ようとも
心安らかならん

総理は、ありとあらゆる険難《けんなん》の峰《みね》を、絶体絶命《ぜったいぜつめい》の断崖《だんがい》を生き抜いてこられた。そのなかで、なにものにも微動《びどう》だにしない山のごとき自分自身を鍛《きた》え上げられた。わが身を捨てておられたからこそ、総理は、どんな逆境《ぎゃっきょう》にあっても、周囲に「快活《かいかつ》の光線」「希望の光線」を放っておられた。

大いなる楽観主義の太陽であられた。私はそう信じます。

四、「信義」の人でありました

「嘘《うそ》は、少数の人をだましたり、あるいは、多くの人を一時、だますことはできる。しかし、すべての人を、ずっとだまし続けることはできない」

総理の南開学校時代の論文の有名な言葉です。

「私がいちばん嫌《きら》いなのは、人が志《こころざし》を立てながら、それを実行に移さないことだ」とは、日本留学中の周青年の日記です。総理の実直で清廉《せいれん》なお人柄が偲《しの》ばれます。

こんなエピソードもあります。

四八年冬、一人の男性が診察《しんさつ》を受けに来た。肺炎を起こしかけて危《あぶ》ない状態であった。診察したのは、戦前、日赤（日本赤十字）の看護師として召集《しょうしゅう》され、戦後、捕虜《ほりょ》として抑《よく》留《りゅう》されていた日本人の看護婦さん。彼女は心をこめて、一週間分の薬を調合した。かつて日本に留学したことがあるという礼儀《れいぎ》正しい壮年は「桜の花が大好きです」と、上手な日本語で話していた。

それから五年後、国内がようやく平穏《へいおん》になったころ、別の病院に移っていたその看護婦さんを、壮年はわざわざ訪《たず》ねてきて、ねぎらいの昼食に招待してくれた。たった一度の治《ち》療《りょう》に対して、恩返しに来たのです。

その壮年こそ、周《しゅう》総理その人でした。

私は感動をもって、この話をうかがいました。海のごとく深い「信義の人」であられました。

「信義」ということで脳裏《のうり》に浮かぶ一つは、周総理が歴史的な「バンドン会議」で、アジア・アフリカ諸国の友好の絆《きずな》を結ばれて、六三年末から六四年の初めにかけて、それらの諸国を歴訪された折のエピソードであります。

ガーナを訪問する直前に、エンクルマ大統領の暗殺《あんさつ》未遂《みすい》事件が起きた。計画通りにガーナを訪問するかどうかが問題になったとき、周総理は、きっぱりと言われた。

「人が困難《こんなん》に陥《おちい》っていればいるほど、訪ねていって支持しなければならない」と。

そして予定通り訪問され、平等互恵《ごけい》の精神に貫《つらぬ》かれた中国の対外援助《えんじょ》の八項原則を提起《ていき》されました。

また、周総理は「恩を忘れない人」であられた。

四五年の学生集会で、母親へのあふれんばかりの心情を、次のように吐露《とろ》しておられます。

「私自身のことを申し上げると、今の私、今後の私が最も懸念《けねん》するのは、私にすべてを与えてくれた母親のことであります。その墓は、まだ日本占領下の浙江《チョーチャン》省にあります。そこへ帰って母親の墓に詣《もう》でることができたらどんなに幸せか……。これは生命を、革命と祖国に捧《ささ》げた蕩児《とうじ》が、やらなければならない最低限度の仕事であります」と。

また、その際、総理が「母の墓の草むしりができたら、どれほど幸せなことでしょう」と述べたことも記《しる》されています。

こうした周総理の一言一言には、養母への汲《く》めども尽《つ》きぬ「感謝」の思いが感じられてなりません。どのように大成《たいせい》し、また、どのような社会的立場になっても、みずからをはぐくんでくれた人への恩を決して忘れることのない美しい心。その人間愛に満ちた「心」の豊かさ、温かさに、私は深い感銘《かんめい》を覚えるのです。

五、周総理の人格には「共生」の心が結晶しているように感じます

総理の言葉、行動には「共生のエートス」――即《すなわ》ち「対立よりも調和、分裂《ぶんれつ》よりも結合《けつごう》、『われ』よりも『われわれ』を基調《きちょう》に、人間同士が、人間と自然とが、ともに生き、支《ささ》え合いながら、ともどもに繁栄《はんえい》していこうという心的傾向《けいこう》」が脈打っており、その類《たぐ》いまれな具象化《ぐしょうか》といってよいと思います。

たとえば、外国人を迎えるときなどの、かゆい所に手が届かんばかりのこまやかな配慮。専用機の乗務員にも丁寧《ていねい》なあいさつを忘れない礼節《れいせつ》。

どんなに自分が疲《つか》れていても、人前では出さず、逆に部下が疲れて居眠りしていると、そのまま寝かせておいてくれる温かさ。

中国はおろか、世界中が頭に入っているかのような、驚異的《きょういてき》な記憶力。私生活の質素さ。側近や親族に、自分の名を利用することを決して許さなかった清廉《せいれん》さ。

「大局を見すえて細部を忘れず」「内に秋霜《しゅうそう》の信念を秘《ひ》め、外に春風の笑《え》みをたたえ」「自分中心でなく、あくまでも相手の心を中心に」「よき中国人にしてコスモポリタン」、つねに民衆という大地に、温かく公正な眼差《まなざ》しを注《そそ》ぎ続けられた――。

こうした周総理の「人間像」には、まさに二十一世紀の人類に不可欠《ふかけつ》の「共生のエートス」が結晶していると思います。

南開大学の侯自新《こうじしん》学長は、「大切なことは、周総理の生き方から、いかにして二十一世紀の新しい人間になるかを学ぶことである」と強調しておられます。私も、まったく同感であります。

だからこそ、周総理の「民衆奉仕《ほうし》」の哲学《てつがく》と行動を、私はこれまで何度も青年たちにスピーチしてきました。人のため、社会のために生きる。それが人間にとっての基本であります。人に尽《つ》くすことこそ、じつは自分を生かす道であり、他の人をかえりみないことは、じつは自分自身をも傷つけていることなのであります。

しかし、日本の教育は、この基本を教えていない。自分のことしか考えない利己《りこ》の社会の行く末は、暗いものとならざるを得ない。日本の慢心《まんしん》のよりどころであった経済的繁栄《はんえい》も失い、国際的にも孤立《こりつ》し、社会は衰亡《すいぼう》の一途《いっと》をたどるほかないのではないか。心ある人は、そう危惧《きぐ》しております。

すべてが閉塞《へいそく》状況にあるこの国で、日本人は己《おのれ》の前途《ぜんと》に待ち受ける運命を、どう転換していくのか。どう自分に打ち勝っていくのか。その意味で、「民衆への献身《けんしん》」に生きた周《しゅう》総理の崇高《すうこう》な人生を、今こそ真剣に学ぶべきであると私は思います。

とくに日本の青年には、周総理の次の言葉を心に刻んでほしいと念願します。

「つねに広範《こうはん》な大衆に接してこそ、勇気がわいてくる。部屋に一人で閉じこもり、見ざる聞かざるを決め込んでいてはいけない。千軍万馬《せんぐんばんば》のなかにあって、すすんで人々と交《まじ》わり、人々を説得し、教育し、また人々に学び、もっとも広範な人々を結集してともに戦う。これこそ勇気と言える。

こういう人間こそ素晴らしい勇者と言えるのである。とくに青年は、このような気風を身につけることが必要なのである」を。

(質問二) 六八年、日中国交正常化の提言をした当時の心境と周囲の状況について

ご承知のように、当時の中国は孤立《こりつ》していました。国連にも加盟せず、西側から承認《しょうにん》されないうえ、ソ連と厳《きび》しく対立し、国内では文化大革命が過激化《かげきか》していました。提言当時、

日本国内でも中国脅威論《きょういろん》が勢いを増していましたし、前年には、民間のLT貿易協定も途絶《とだ》えてしまった。

もともとアメリカ追随《ついずい》で、中国への敵視《てきし》政策をとり続けていた日本です。ベトナム戦争が続き、アジア全体も、国家悪の犠牲《ぎせい》となって苦しんでいました。しかし、中国には、当時、七億の民がいた。その人々を無視《むし》して、平和を論じても空《むな》しい。アジアの民衆の幸福もありえない。

この閉塞《へいそく》状況を破るためには、「国対国」の利害でも体面でも駆《か》け引《ひ》きでもなく、「民衆対民衆」という根本の次元からの叫びが必要だった。だれかが立ち上がらなければいけなかった。

そして、中国は、日本の大恩の国であり、兄の国です。二千年にわたって日本は中国文明の恩恵《おんけい》を受け、発展してきました。仏教も貴国《きこく》から伝わったのです。

それが、近代化でたかだか数十年、先んじたからといって、中国を見下し、非道《ひどう》の限りを尽《つ》くした。「侵略《しんりゃく》の過《あやま》ちを認め、償《つぐな》わなければ、日本の未来はない」という思いがありました。

「戦争」の世紀を、「平和」の世紀へ

それが、わが創価学会の願望であり、誓《ちか》いであります。それゆえに、恩師戸田城聖先生は、五七年九月八日、「原水爆禁止宣言」を発表された。その十一年後（六八年）の同じ日、私もまた、第十一回学生部総会で、平和への道を開くために、日中国交正常化を提言しました。

国交正常化を言えば、各方面から非難・反発があることは確実でした。六〇年には、日中友好を語った社会党の浅沼《あさぬま》委員長（注2）が凶刃《きょうじん》に倒れていました。

私も、提言後は「宗教団体の指導者が、赤いネクタイをするのか」などと激しく攻撃《こうげき》されました。

脅迫《きょうはく》の電話や手紙。街宣車《がいせんしゃ》による攻撃も、絶え間なく続きました。「池田会長の発言は、政府の外交の障害《しょうがい》になる」とも批判された。それでも民衆のためならば、青年の未来のためならば、やるほかないと決意したのです。

戸田第二代会長は、地球民族主義を掲《かか》げました。アジアの民衆の幸福を真剣に願ってお

注2　浅沼委員長　浅沼稲次郎〈1898～1960〉　社会党委員長として日中関係打開に努力。立会演説会の席上、右翼少年に刺殺される

られた。
師匠の理想を実現するのは、弟子の使命です。断じて、日中間に、平和の「金の橋」を懸《か》けようと行動を始めました。周総理も、中日友好を、私たちと同じ「民衆」という視点から考えておられた。だから、いち早く「大衆の間に基盤《きばん》をもつ」創価学会に注目されたのだと思います。

（質問三）日中友好をさらに強固にすることに関する意見

一、日中関係が友好的に進展していくための前提条件は、申すまでもなく、「正しい歴史認識」です

歴史は鏡《かがみ》です。歴史観があいまいな国は、ぼんやりとしか映らない鏡を見ているようなものであり、ゆがんだ歴史観の国は、ゆがんだ鏡に、ゆがんだ自分の顔を見ているようなものです。自分の「現在」を見ることもできなければ、「未来」に向けて正すこともできません。

「小人の過《あやま》ちは、必ず文をもって飾《かざ》る」と「論語《ろんご》」にあります。言葉を飾って過ちをごまかし、結果としてアジアから「小人」と見られているのが、日本です。

周総理はかつて、ある日本人に言われた。「力が蓄積《ちくせき》すれば外へ拡散《かくさん》する。それはやむをえないことだが、それをコントロールする魂《たましい》がなければならない。今のところ日本人はまだその精神的な道理を発見していないようだ」と。

日本は、世界に出ていく船を「軍事」から「経済」に乗り換えただけで、今も昔も、確固たる精神の骨格《こっかく》がない。だから、「いつかまた軍事に乗り換えるのではないか」と疑《うたが》われるのです。

日本のあるジャーナリストが、歯ぎしりしていました。「日本は戦後処理をしていない。第一に、心の問題として。中国は、心を大事にする国です。心の問題さえはっきりさせれば、あとは難《むずか》しくない」と。

日本では、日本の侵略《しんりゃく》行為について、子どもたちに明確に教える教育がなされていません。青年に「正しい歴史認識」を与えなければ、日本は絶対に信頼されない。貴国《きこく》の人々と永遠に仲良く、平和と友好と繁栄《はんえい》の道を進んでいくためには、貴国の大恩、貴国への尊敬の「心」を学ばなければならない。また、青年に教えなければならない。恥《は》ずべき過去を振り返りたくない気持ちはあるでしょう。しかし、未来に二度と過ちを繰り返さないために、過去を直視し、次世代に教えていくことこそ、本当の「勇気」でしょう。

二、日中友好は、「民衆」が主体者となって、守り、広げていかなければならないと考えます

総理はどこまでも民衆を根本に、中日の友好を築こうとされました。「民が先行して、『民』を以《も》って『官《かん》（政府）』を動かす」——これが、総理の方針でした。紙の上の約束だけなら、いったん事あれば、吹き飛んでしまう。「民衆と民衆が心から理解し合う関係になってこそ本当の中日友好は成《な》る」というお考えであった。

日本の学者の訪中団が周総理とお会いした際、総理は創価学会について質問されました。その核心は「創価学会は国家を超《こ》えられる団体か」ということであったそうです。このことからも、いかに総理が、「国家本位《ほんい》ではなく民衆本位」で進もうとされていたかが、うかがえます。

「経済の関係」も大事、「政治の関係」も大事ですが、日中の「子々孫々《ししそんそん》の友好」を可能にするのは、人間と人間の「心の橋」「心の道」を築き、広げる以外にないのです。「船」を政治・経済とすれば、その船を運ぶ「海」が民衆と民衆のつながりです。時に「船」が難破《なんぱ》することがあっても、「海」さえあれば、往来《おうらい》は続いていく。

ゆえに、文化・教育・平和交流こそ、永遠の友好を築く王道です。私は、「基盤《きばん》」をつくりたい。その意味で、貴大学〔南開大学〕、貴研究所〔周恩来研究センター〕と創価大学との交流には、重大な意義があります。

三、初めて貴国を訪れた際、こんなことがありました

かわいらしい一人の少女が、私に尋《たず》ねました。

「おじさんは、何をしに中国に来たのですか?」

私は、すぐに答えました。

「あなたに会いにきたのです」

それは偽《いつわ》らざる心情でした。

生きている「一人の人間」――そのなかに、一切がふくまれます。否《いな》、そこから始める以外に、地に足の着いた〝本物の友好〟はない。

国と国の関係といっても、人と人の関係に帰着《きちゃく》します。人間同士の「心の交流」が、すべての基盤になければならない。それを本当に実行し、持続し、やり遂《と》げていくのは「民衆」の力以外にないと確信し、決意しています。

（質問四）総理との会見の状況について

一、周総理とお会いしてから、今年〔一九九九年〕で二十五年になります。当時の状況は、これまで何度も語ったり、書いたりしてきましたので、新しい補足というべきことがらは、とくにないかもしれません。

しかし、私にとって、総理との出会いは、何年たっても、つねに新しい、決意と啓発《けいはつ》と行動をうながす生命の刻印《こくいん》です。

二、総理の伝記によると、私との会見の二週間あまり後、北京《ペキン》から千三百キロほど南、長沙《チャンシャー》（ちょうさ）にいる毛沢東《もうたくとう》主席を訪《たず》ねておられる。
それは、年明けの全国人民代表大会で、権力の中枢《ちゅうすう》を握《にぎ》ろうとしていた四人組の画策《かくさく》を打ち破るために、どうしても必要な渾身《こんしん》の旅だったと聞いています。

そのとき、総理が飛行機に乗られる様子が、伝記に記されています。それは、痛《いた》ましくも荘厳《そうごん》な英雄の劇のようです。

——足はふらつき、両手は震《ふる》えていた。飛行機には、服務員の補助を得て、やっと搭《とう》乗《じょう》できる状態だった。

搭乗員《とうじょういん》が総理の健康を気遣うと、「病気と闘い続けなくては。一年も飛行機に乗っていないね。ベッドで八カ月過ごした」と答えた。

スチュワーデスがくれたアメの包みをむくのさえ、やっとであった——。

先日、中央音楽学院名誉院長の趙渢《ちょうふう》氏が、創価学会の代表との懇談の折、語ってくれたそうです。私の初訪問の後、総理は「池田会長に会いたかったな」と、とても残念がっておられたと。

総理は、一民間人の私と会ってくださった。それは、私個人ということではなくして、日本のすべての民衆と心を結んでおきたいとの、総理の深いお心からであると私は受け止めています。

その絆《きずな》のために、総理は、あのお体で、残る生命の力をふりしぼってくださったのです。「二十世紀の最後の二十五年間は、世界にとって最も大事な時期です。お互いに平等な立場で助け合い、努力しましょう」。総理のこの言葉を胸に、私はこの二十五年を走り抜いてまいりました。

総理の生涯が、そうであられたように、私も、生ある限り、全心全意《ぜんしんぜんい》、日中友好の畑を耕《たがや》し、種《たね》を蒔《ま》き、人材が乱舞《らんぶ》する世紀の舞台を切り開き続けていく決意です。

（質問五）「周恩来学」研究について

一、共同研究のご提案をいただき、心から感謝申しあげます。周恩来研究は、皆さまのほうがご専門でいらっしゃいます。学識の深さにおいても、研究の蓄積《ちくせき》においても、比較にならないほど優《すぐ》れておられる。皆さまの深き友情に、私は、ただただ恐縮《きょうしゅく》しております。

二、「日本留学時期の周恩来」については、私も関心があり、楽しみにしております。総理は、一九一七年九月から一九年四月までの一年半、日本に留学されました。十九歳から二十一歳にかけてです。

日本は明治維新以来、年々、発展の様相を見せていた。なぜ日本が、そのように隆盛《りゅうせい》してきたのか、直接見てみよう。そして、中国が今後進むべき方向性を見極《みきわ》めよう――総理は、そう考えて日本留学を決めたとうかがいました。

ちょうど、そのころ、日中の間で留学に関する協定が結ばれていました。中国の学生が日本の指定校に合格すれば、学業を終えて帰国するまで、官費待遇《かんぴたいぐう》で勉強できたのです。

総理は、まず日本に行って、指定校の受験を申し込み、勉強に専念しようと決められた。しかし、抜群《ばつぐん》の知性と才能と人格をもっておられながら、家庭は経済的に苦しかった。友人に旅費を借《か》りて、やっとの思いで、日本に着いたという記録があります。

若き日の総理が、そんな思いまでして日本に来てくださったことは、私たちにとって最大の誇《ほこ》りです。

ところが、当時の日本は、総理の苦闘の青春に応えられるような国ではありませんでした。逆に、傲慢《ごうまん》なる軍国主義によって、貴国《きこく》を、総理をはじめとする純粋な青年たちを苦

創価大学に学ぶ中国からの留学生を激励する池田会長（1975年4月、東京・八王子）
© Seikyo Shimbun

しめました。

総理は、祖国の危機《きき》を訴える運動の最前線に立たざるを得なかった。そのために総理は、当初の勉学の目標を達成できず、舞台を祖国に移して、愛国運動に挺《てい》身《しん》されたのです。

総理と会見した翌年（七五年）の春、私の創立した創価大学に、貴国から初めて、六人の留学生を迎えました。

それは、志《こころざし》なかばにして帰国せざるを得なかった総理のご苦労に、何らかの形で報《むく》いたいとの思いからでもあるのです。当時の留学生は、今、中日友好の中核となって活躍されています。その姿を、周総理は、どんなにか喜んでおられることでしょう。

三、ともあれ、貴国《きこく》の皆さまは、幸せです。「人民の父」「人民の師」と仰《あお》ぐ偉人がいる。なかでも貴研究所は、偉大な総理の業績《ぎょうせき》に学び、研究し、あるときは発掘《はっくつ》し、そして現代へ、未来の世代へ、世界へと宣揚《せんよう》されている。これほど誉《ほま》れある仕事はないし、価値ある事業は他にないと私は確信します。

師とも言うべき周総理について、何をどう研究していこうか。どうすれば、もっと宣揚できるか――真剣に模索《もさく》し、探究されている。

僭越《せんえつ》な言い方かもしれませんが、皆さまの、そうしたお姿が尊《とうと》いと思うし、感動します。どこまでも師の理想を追求し、師の心に迫っていく闘い――そこに、周恩来研究の真髄《しんずい》があると思えてなりません。

皆さまの業績は、永久に人類を覚醒《かくせい》し続ける「精神の塔《とう》」であります。皆さまの人生は、偉人とともに万里《ばんり》をかける「使命《しめい》の旅路《たびじ》」であります。皆さまは、偉人の精神を運ぶ「光の船」であります。闇《やみ》に震《ふる》える人々の心に、希望の灯《ひ》をともす「魂《たましい》の使者」であります。

人民に生きがいを！
青年に勇気を！
母たちに希望を！

辛苦《しんく》と充実《じゅうじつ》、忍耐と歓喜《かんき》——皆さまの研究闘争《とうそう》は、そのまま、偉人の不朽《ふきゅう》の人生の後継《こうけい》であります。

ゆえに私は、申しあげたいのです。

「偉人の研究は、研究する人自身を偉大にする。そして、人類に『不滅《ふめつ》の光源《こうげん》』を贈る」と。

第六章　池田大作の「心」の中の鄧穎超[1]

（孔繁豊・紀亜光）

第四章で触れたように、池田大作会長と鄧穎超《とうえいちょう》氏は一九七八年より、北京や東京にて計八回の会見をした。その会見内容は多岐《たき》にわたり、中日関係、指導者観、人生観等の幅広いテーマに及んでいる。この章では池田会長の心の中に映った鄧穎超像について触れておきたい。

革命の闘士

池田会長は鄧穎超氏を革命の闘士と呼び、ある講演会でこのような話をしている。

鄧氏は一九一三年初め、九歳のとき北京の平民学校に編入学した。この学校の校長は陳《ちん》翼龍《よくりゅう》である。陳翼龍は、当時、革命党員であり、中国社会党北京支部の責任者を務めていた。知人の紹介により母・楊振徳《ようしんとく》はこの学校の教員となり、鄧氏もそれに伴いその学校で学ぶこととなったのである。この時から、この母子は新たな天地に足を踏み入れることとなった。

鄧氏は、こうした陳翼龍先生の言うことでしか、平等な新社会を構築し、この暗黒の社会を変え、たくさんの貧しい人びとに、まともな生活を送るようにはできない、と考えるようになっていった。

不幸なことに、半年後、反動当局が革命党員を一斉逮捕《いっせいたいほ》し、血なまぐさい弾圧をしたのである。その時、陳翼龍も逮捕され、二十七歳の若さにして、袁世凱《えんせいがい》の命《めい》の下《もと》、銃殺された。

母の楊振徳は自己の安危《あんき》を顧みずに、同僚たちと共に、この中国革命の先駆者の遺体を収容し、そして埋葬した。池田会長は、ここで、語気を強めて次のように語った。

「〈鄧穎超〉女史は九歳。初めて見る『革命の殉教者《じゅんきょうしゃ》』の壮烈《そうれつ》な姿であった。号泣《ごうきゅう》する娘に、母は言った。

『泣くんじゃないよ。死んだ人は、泣いても帰ってこない。私たちの心には永遠に先生が住んでいる。先生から学んで、勇敢《ゆうかん》に生きていかなくちゃいけないよ！』

師の敵《かたき》を。師の後継《こうけい》を。母の叫びは、娘の生涯の誓いとなった。

前へ、前へ。人民のことを思えば、感傷《かんしょう》にひたる暇《ひま》はなかった」[2]と。

鄧氏は、五・四運動《ごしうんどう》が大きな契機となり革命の道を歩むことになる。池田会長は、それを次のように紹介する。

「『五・四運動』（一九一九年）のなかで周青年と出会い、周青年たちが投獄《とうごく》されるや、女子学生を率《ひき》いて『代わりに、私たちを投獄せよ！』と警察署で叫んだ乙女《おとめ》。

その『青春の火の玉』を燃やし続けた一生であった」[3]

「鄧穎超《とうえいちょう》さんは、十代のころから、勇《いさ》んで革命の嵐《あらし》のなかに飛び込んでいかれた。前も敵《てき》、後ろも敵。いつ逮捕《たいほ》されるか、わからない。いつ殺されるかも、わからない。そういう青春時代だったのであります。

そこで、私が皆さんに申し上げたいのは、『苦労を避け、やすきに流されるような青春時代であってはならない』ということです。

皆さんは、自ら求めて、苦労をしていってください[4]」と。

池田会長は、日中戦争という大変な混乱の中でも青年たちを励まし続けた鄧氏の行動に触れて、次のように語る。

「中国の『人民の母』と慕《した》われた鄧穎超さんは、日中戦争のさなか、中国の女子学生に対して、こう叫びました。

『皆さんこそ「夜明けの鐘《かね》」であります。

皆さんこそ「黎明《れいめい》の旭日《きょくじつ》」であります』

鄧穎超さんの、この声が、どれほど、女子学生たちを勇気づけたことでしょう。

声が大切です。とくに女性の声は、人々を元気づけ、明るく、にぎやかにしていく力をもっています[5]」と。

また池田会長は鄧氏が女性リーダーに対し与えた、六項目の指針を高く評価し、次のように紹介する。

「鄧穎超さんは、若き女性に対して、リーダーのあり方を六項目にわたって教えました。

第一に『革命の理想を守り抜いてください』と言われました。

理想があるから青春です。理想があるから人生です。

理想のない人は、寂《さび》しい。反対に、生涯、わが理想を求めて生きる人は、どんなに年をとっていても、心は永遠に青年です。

第二に『勇敢《ゆうかん》であってください』。

人生の勝利の根本は、勇敢です。勇気です。

とくに、女性は、男性以上に勇敢であっていただきたい。

女性が勇敢であってこそ、『社会の平和』も『家庭の平和』も守られるのです。

また世界には、女性の大統領も、女性の学長もたくさんいます。

私も多くの女性リーダーと語り合ってきましたが、どの方も、勇気の力で、わが道を切り開いた方々でした。

第三に『責任と真剣を忘れないでください』。

責任感のある人は真剣です。真剣の人は強いです。

真剣というのは、すごい魅力《みりょく》なんです。（中略）

第四に『忍耐と持続の人であってください』。(中略)

忍耐と持続によって得たものだけが、自身の不滅の宝となって輝くのです。

第五に『誠実と謙虚《けんきょ》の人であってください』。

誠実といっても、単なる『従順《じゅうじゅん》』とはちがいます。(中略)

また謙虚といっても、『遠慮《えんりょ》する』とか『自分は一歩引いて』というのではありません。(中略)

自分が今いる、その場所で、その立場で、周囲と協調しながら、一生懸命に生きていく。

それが謙虚です。

反対に、周りのことなど考えないで、自分のやりたいようにやるのは傲慢《ごうまん》です。

傲慢は不正義です。人を不幸にします。

謙虚は正義です。人を幸福にします。

第六に、自分自身の幸福のため、栄光の人生を勝ち取るため、『たゆまぬ研鑽《けんさん》を続けてください』と叫ばれました。

人生は、生涯、研鑽です。(中略)皆さんは、学び続ける人であってください」[6]。

鄧穎超《とうえいちょう》氏の革命に対する貢献の中で、とくに強調されるべき点は、中国女性の解放である。池田会長は、この点についても次のように称賛《しょうさん》を惜《お》しまない。

「鄧女史は、妻として周総理を支えながら、一人の革命に生きる女性として、責任ある要職を次々と務《つと》めてこられた。とりわけ、古い価値観にしばられ、不幸に泣いてきた中国の女性を解放するために、見事な手腕《しゅわん》を発揮《はっき》された。

女性の自立をうながし、女性のリーダーを育てようとされた。そして眠っている女性の力を目覚めさせ、十分に発揮させていくならば、新中国は必ずや大きく発展することができる。女性がカギをにぎる――そう考えておられた」[7]。

四人組が横暴《おうぼう》を振るった文化大革命の時代にも、鄧氏は一歩も退《ひ》くことなく闘い続けた。

池田会長は次のように述べている。

「周総理が亡くなるや、四人組は、ますます横暴に権力をふるい、民衆への圧迫を強めた。（中略）それに対して、鄧穎超先生は、ご自身の逮捕や投獄さえも覚悟のうえで、敢然《かんぜん》と応戦していかれた。

鄧穎超先生は、誇り高く語っておられた。『唇《くちびる》が破れようとも、舌が焦《こ》げようとも、私は叫ぶことをやめません』

『困難を前にして、頭《こうべ》を垂《た》れず、一歩も退かず、強く剛毅《ごうき》である人間は、必ずや勝利を勝ち取ることができるのです』

この信念のままに、鄧先生は、一人また一人と語り合い、皆を奮い立たせ、団結させていった。

苦しんでいる同志がいれば、ただちに駆けつけ、激励して回った。そして、あらゆる知恵を発揮し、冷酷《れいこく》な弾圧から、厳《げん》として、同志を守り抜いたのであった」[8]と。

鄧穎超《とうえいちょう》氏は、生涯を通して一人の人を、一人の女性を励まし革命をやりとおした。池田会長はその姿を次のように述べている。

「ある時、一人の女性を、こう励ました。

『私は、女性が泣くのが一番、きらいです。泣いてどうなるの？

泣いて、自分の運命が変えられますか。女性は自立しなければなりません。向上し、強くなり、戦わなければなりません。泣き虫はバカにされるだけです。

私は、恩来《おんらい》同志が死んで、この上なく悲しく、三回だけ泣きました。しかし、泣いても、彼は生き返りません。私は、悲しみを強くはねのけて、さらに強く生きていかねばなりません』

その言葉どおり、総理の逝去《せいきょ》から十六年間、八十八歳で亡くなるまで、前進をやめない女史であった。（中略）

逝去の二週間前の女史の言葉は『生き抜き、学び抜き、革命をやり遂《と》げる。命ある限り、私は戦いをやめない』であった」[9]と。

池田会長は、鄧氏との交流の中で、二度ほど、西花庁《せいかちょう》のご自宅を訪問し、有意義《ゆういぎ》な会見の機会をもった。その時の印象を次のように述べている。

「私は、後年、その〔鄧穎超氏の〕ご自宅を、二度、お訪《たず》ねしたことがある。大中国の最高リーダーでありながら、少しも飾《かざ》らず、地味な人民服に身を包《つつ》み、穏《おだ》やかな笑顔で、心を尽くして迎えてくださった。ここに、鄧穎超さんの偉《えら》さがある。本物の人格のすがしさがある、と私は感嘆《かんたん》した[10]」。

「小柄《こがら》で、気さくで、いきとどいた心配り。頭の回転が速く、的確な判断で要点を鋭くとらえた簡潔《かんけつ》な発言。青春の日から、祖国の自由と人民の幸せのために、周恩来総理とともに、同志、戦友、夫婦として、ただひたすら戦いぬいてきた不屈《ふくつ》の戦士――。世代を超えて敬愛されている中国人民の母である。政治協商会議主席という肩書など感じさせない、小柄な優しい女性がいた。一人の人間として輝いている、大きな強い女性がいた[11]」と。

楽観主義者

以上のごとく、池田会長は、ある時は鄧穎超氏の生き方を語り、またある時は鄧氏との直接の出会いを語りながら、次のように締めくくる。

「お二人〔周総理と鄧穎超氏〕は、戦友として、同志として、命をかけて戦われた。安楽な暮らしや、名聞名利《みょうもんみょうり》など、まったく眼中になかった。そうした覚悟のご夫妻ありて、今の中国があるのだと、私はしみじみ思う。

どこまでも優しく、どこまでも強く、楽観主義で生きぬかれた鄧穎超《とうえいちょう》女史。中国の人民を愛し、すべてをかけて人民に尽くしきった、〝菩薩《ぼさつ》〟のようなその生涯を、歴史は決して忘れることはないだろう」[12]と。

また、池田会長は、鄧氏を〝楽観主義者〟であると言う。同氏の〝楽観主義〟に〝強さ〟を見出し、次のように語る。

「〔日中戦争時期の苦しい歳月の時に〕周総理は女史のことを『大楽天《だいらくてん》』と呼んでいた。笑顔を絶やさず、苦しい時ほど元気を出す、『大楽観主義者』だったからである。

あの地獄の長征《ちょうせい》さえ、女史の表現では『とても楽しかったですよ!』となる。

長征の時、女史は結核《けっかく》であり、病身での参加であった。健康な人間でも次々に倒れた極限の行軍である。薬もない。休む場所もない。食糧さえない。

ただ信念だけで、体を前に動かした。『治《なお》らなければ。否《いな》、きっと治る。必ず治って、もっと人民のために働くんだ』

そして驚くべきことに、一万二千五百キロ、『ロンドンから東京の距離』の山河を越える間に、女史の体は良くなっていったのである。

偉大な人は、意気消沈《いきしょうちん》しないものだ。何があっても、心は追い込まれない。いつも意《い》気軒昂《きけんこう》に、朗《ほが》らかに前進する。この強さがあればこそ、どこででも幸福を生み出せる。この強さがあってこそ、最後の勝利がある」[13]と。

鄧氏のこの〝強さ〟について、池田会長は、それは母親の楊振徳《ようしんとく》の影響が極めて大きいと見る。

「鄧穎超さんに母は、『一人の人間』として強くなれと教えた。

『あなたは周恩来《しゅうおんらい》夫人ではないのよ。あなたは鄧穎超という独立した女性、夫は周恩来。人は周夫人と言ってきっと大事にしてくれるわ。なかにはお世辞を言ったり、チヤホヤする人もいると思うわ。

でもあなたは一生懸命学んで、努力して、周夫人としてではなく、穎超として尊敬される人になりなさい』と。（中略）

母は、いつも娘に語った。

『強い女性になりなさい。他人を頼《たよ》ってはだめ、自分で考え、自分の運命は自分で決めるのよ』。（中略）更《さら》に、母は語った。

『独立した人間、独立した女性になるのよ』

『勉強しなさい。知識を増やしなさい。一生、勉強し続けるのよ』

『泣いてはだめ。泣いて何が変わるの。女は泣き虫だと言われないように、歯をくいしばってでも頑張るのよ』。（中略）

鄧穎超さんの素晴らしい『強さ』は、どこから来たのか？

それは全部、お母さんから、もらったものである[14]」。

池田会長は、鄧氏のこの〝強さ〟こそが、周青年が、鄧氏を生涯の伴侶《はんりょ》として選んだ理由であると述べている。

「鄧さんが、こういう『強い強い女性』だったからこそ、周青年が選んだのである。

『この女性ならば、一生涯、革命のために、すべてを捧《ささ》げて生き抜けるだろう』と。

革命に生きる以上、自分は殺されるかもしれない。牢獄《ろうごく》に入るかもしれない。のんびりした生活など、一生、できないだろう。それでも、この女性ならば大丈夫だ[14]」と。

それだけでなく、池田会長はさらに鄧穎超《とうえいちょう》氏がなぜ楽観主義の精神をいつまでも保ち続けることができるかを探究した。

ある講演の中で、次のように戦争時代のある出来事を語っている。

「革命の厳しい戦いの渦中《かちゅう》のこと。周総理は、鄧穎超さんに言った。

『みんなはどうして小超《シャオチャオ》同志（鄧穎超さんのこと）はあんなに明るいのだろうと不思議が

っているよ』

すると彼女は、明るく答えた。

『私は根が楽天的なのよ。それに私たちが暗い顔をしていたら、みんなに伝染してしまうでしょう。今は苦しいけど、私たちの革命は先々光明《こうみょう》に満ちているということを態度で示さなければいけないと思うの。みんなに勝利に対する確信をもってもらいたいの』

苦しくなればなるほど、明るくなり、笑《え》みを絶やさず、いっそう活動的になったという。

ご夫妻は、いつも〝みんなのこと〟を考えていた。〝みんなに希望を与えよう。勇気を与えよう〟としておられた。自分が今いる場所で、全力を尽くした。

いかなる壁《かべ》が立ちはだかろうと、『楽観主義』に生きぬいた。

恐れない。卑屈《ひくつ》にならない。負けない。心を追い込まれない――これが楽観主義の生き方である。

嵐《あらし》のような大闘争のなかで、そうしたお二人の姿が、ともに戦う人々に、どれほど希望と勇気を与えたことだろうか[15]」。

周恩来精神の真の後継者

池田会長は、鄧穎超氏は周恩来精神の継承者であると考えている。池田会長は初めて鄧氏と出会った際に、鄧氏の精神と周総理の精神は一体であることを感じとって、次のように語っている。


「鄧穎超さんに、お会いした瞬間、私は思った。

『ああ、この人ありて、周総理の勝利はあったのだ』と。

飾《かざ》らない人民服《じんみんふく》に、おかっぱ頭。

気取りのない、庶民的《しょみんてき》で温かい人柄《ひとがら》。

優しく、こまやかな応対。

『革命の闘士』という言葉から連想される〝いかつさ〟は微塵《みじん》もない。

鋼鉄《こうてつ》の信念は、ふっくらとした微笑《ほほえ》みのなかに自然に溶け込んでいた。

総理と表裏一体《ひょうりいったい》と言おうか、総理の『心』そのものと今、出会っていることが直観的にわかった」[16]と。


鄧穎超《とうえいちょう》氏と周総理の表裏《ひょうり》一体は、池田会長と周総理が一九七四年十二月五日に会見を実現することができた背景にも、それが十分に反映されており、池田会長はさらに深い印象をもって、次のように語っている。

「総理と私との会見から四年がたっていた。

あの日、病院の人たちが『池田会長と会見ができる病状ではありません。総理を説得してください』と女史に頼《たの》んだのに、反対に『恩来《おんらい》同志が、そこまで会いたいと願うのなら、言うとおりにしてあげてください』と答えた女史であった[17]」と。

池田会長は、鄧穎超氏の以下の言葉から、鄧氏は真の周恩来精神の後継者であるとしている。

(1)鄧女史は、あらゆる機会に「民衆に奉仕《ほうし》せよ！」と、繰り返し教えられた。

「民衆こそ主人公であり、民衆こそ私たちの先生です。私たちはほんの少しであっても民衆に対し優越感《ゆうえつかん》を持つようなことがあってはいけません」

「密接《みっせつ》に民衆と結びついて、民衆に依拠《いきょ》して、団結できるすべての人と団結する。これが戦う私たちの出発点です[18]」。

(2)ある時、鄧穎超先生は、「周総理はなぜ、病気もいとわず、休むことなく働き続けることができたのか」と聞かれて、こう答えておられました。

「もしも、仕事をせず、人民に奉仕することをやめれば、恩来同志は、もっと苦しんだことでしょう。

戦いで、忙しければ忙しいほど、疲れれば疲れるほど、彼は、ますます朗《ほが》らかになりました」。（中略）

すなわち「指導者は、傲慢《ごうまん》になってはならない。傲慢になれば礼儀を失い、礼儀を失えば人心が離れ、人心が離れれば多くの人々から背《そむ》かれる」という意味であります。

周総理ご夫妻は、「永遠に民衆から離れない」「永遠に民衆に尽くす」という信念に生き抜かれました。[19]

(3)「若いころ、恩来同志と二人で約束したことがあります。それは「全心全意《ぜんしんぜんい》（心の底から）、人民に奉仕《ほうし》する」ことです。この誓《ちか》いは死んでも変わりません」。

総理の柩《ひつぎ》に、「恩来戦友」と書いて花を捧《ささ》げた女史であった。[20]

(4)若い日、恩来《おんらい》同志と二人で約束したことがあります。それは人民のために奉仕《ほうし》するということです。死んでもこのことは同じです。したがって、遺骨は保存しない、と二人で約束しあったのです。（中略）人々は、遺骨をあまりにも重くみています。しかし、そのための建物を造り、場所をとらねばならなくなってきます。新しい風習は、提唱していくうちに、多くの人々の心のなかにも、風習として固まっていくことでしょう。[21]

(5)「年はとりました。それが自然の法則ですから。でも、私の心は老《お》いません。もっと人民に奉仕したいのです。私個人のためではなく、皆のために多くの仕事をしたいのです。だから私は元気なのです[22]」。

(6)鄧穎超《とうえいちょう》さんは、最後まで周総理と同じ信念で生きた。平和のために世界を駆けめぐった。

七十歳を超え、健康とはいえない体を、周りは心配した。その時、鄧穎超さんは言われた。

「これが私の仕事です。今どうしてもしなければなりません。中国人民が私に与えた任務だからです。恩来もそうでした」。

使命の道を一歩も引かない。戦いをやめない。

これが鄧穎超さんの生き方であった。[23]

以上の言葉から、池田会長は、周総理と鄧氏の精神の根底には、「生ある限り、全身全霊、民衆のために戦い続ける」といった大哲学《だいてつがく》があったと確信している。

「詩は志《こころざし》を言い、歌は言を詠《えい》ずる（詩は人の志を言葉に言い表すものであり、歌は言葉を口ずさむものである）」。詩歌《しいか》は、社会と生活を深く映し出し、作者の豊富な思想と感情を包み込み、創造に富んだ、洗練《せんれん》された言語が描き出した一種の文学である。人々がふだんの言葉をもって、心の声を言い表せない時、多くの場合に胸のうちを詩にして吟《ぎん》ずるのである。

池田会長は、桜が爛漫《らんまん》と咲く季節に、深く周総理と鄧氏を懐《なつ》かしみ、時間の経過とともに深まりゆく感情と、日々増すその思いを、その優美《ゆうび》な文筆をもって感動的な詩歌を書き表した。その日は、一九八七年四月五日、中国の清明節《せいめいせつ》（人々の一般習慣では、この日に先祖のためにお墓参りをする）の日であった。

『縁《えにし》の桜』　中国婦人の先駆者　鄧穎超女史に贈る

春光天地に満《み》ちて
東京西郊《せいこう》　創価の学庭《がくてい》に
縁《えにし》の桜は静かに撩乱《りょうらん》の日を迎えり

微雨《びう》万緑《ばんりょく》を洗い

淡紅《たんこう》の花ますます鮮《あざ》やかなり
清気《せいき》人心《じんしん》を澄ませ
炎涼《えんりょう》の世に超然《ちょうぜん》たり

その名「周夫婦桜《しゅうめおとざくら》」
敬愛の思いあつく
日中の若者が万代《ばんだい》の平和を願い
植えしものなり

麗日《れいじつ》　桜花を眺《なが》めば
懐《なつ》かしき思い出重なりて
胸中に千花《せんか》の彩《いろど》りあり

初めて出会いしは
訪中四次の北京《ペキン》の金秋《きんしゅう》
人民の総理は逝《ゆ》きて

壮麗《そうれい》の人民大会堂に悲愁《ひしゅう》あり
風雪に耐えし慈顔《じがん》に無量の言葉あり
一瞬にして知る
彼の栄光の生涯《しょうがい》はこの人ありてこそと

天津《てんしん》の春に若き日彼はうたえり
「桜の花　野の小道に咲きかおり
柳の葉　池の辺《ほとり》に緑なす
燕子《つばくろ》の　囀《さえず》る声のうち
思えば　また一年《ひととせ》」

桜花人の世に彩《いろど》りを添《そ》えど
民衆に怨嗟《えんさ》の声強く
救国の道求め
海を越え桜の国へ旅立てり

列強《れっきょう》は文化の国を脅《おびや》かし
風雲は異国の春を三度許さず
青年決然と起《た》ちて
覚悟の道に意昂然《こころこうぜん》たり

天津《てんしん》にあなたは旗掲げたり
凜々《りり》しき瞳《ひとみ》に正義の光あり
行路険《こうろけわ》しく岐路《きろ》多きも
毅然《きぜん》と進む

二人の前途にも激戦また激戦
反動の暴風あり
生死の大長征あり
されど半世紀を越えて絆《きずな》動ぜず

建国から四半世紀
二十一世紀へ四半世紀
その節目《ふしめ》に総理との出会いあり
平和の調《しら》べ心中に響けり

眼光鋭《するど》けれど
命の灯《ひ》にかげりあり
桜の季節に日本を去り
再訪は無理ならんと語りし

ああ巨星墜《お》つ
悲嘆《ひたん》の声　地に満《み》ちて
骨灰《こつばい》は二人の心を込めて
美しき祖国の山河に帰る

彼逝《ゆ》きて三年

日本の春にあなたを迎える
春嵐《しゅんらん》花を奪えど
贈《おく》りし八重桜《やえざくら》に友誼《ゆうぎ》馥郁《ふくいく》たり

春四月　北京《ペキン》の中南海
ライラックは芳香を放ち
海棠《かいどう》は花開かんとす
信義の歓談は更にかぐわし

時は去り時は巡《めぐ》り
現《うつ》し世に移《うつ》ろいあれど
縁《えにし》の桜は輝き増《ま》して
友好の万代《ばんだい》なるを語り継《つ》げり

年年歳歳《ねんねんさいさい》花開くとき
人々は称《たた》えん

人民の総理と
人民の母の誉《ほま》れの生を
我《われ》も称《たた》えん
心の庭に友誼《ゆうぎ》の桜は永遠なりと

一九八七年四月五日

鄧穎超《とうえいちょう》先生

その後、池田会長はその詩歌《しいか》を『池田大作詩選』（中国版）に収録している。また、その前書きの中にこのように書き綴っている。

「この詩は尊敬する貴国《きこく》の友人に献じたい」「この厚き友情とあなたの理解に大感謝し、停雲落月《ていうんらくげつ》（親友を思うたとえ）のままに文筆に思いをまかせ書き表す」と。

池田会長の言われるとおり、「詩は永遠に消えることのない友情の記念碑である」。

なお、後にこの詩の一部に曲が付けられ、「桜花縁《おうかのえにし》」というタイトルで、多く人々に歌

い継がれている。（編訳者追加）

【注】

(1) 孔繁豊・紀亜光『周恩来、鄧穎超与池田大作』前掲 第6章第5節
(2)『池田大作全集』第一二三巻 三八〇頁
(3)『池田大作全集』第一二三巻 三八二〜三八三頁
(4) 創価女子短期大学学生会編『創立者と私』創価女子短期大学学生会 二〇〇四年 二五頁
(5) 創価女子短期大学学生会編『創立者と私』前掲 二四〜二五頁
(6) 創価女子短期大学学生会編『創立者と私』前掲 二七〜三〇頁
(7)『池田大作全集』第一二一巻 三六六〜三六七頁
(8)『聖教新聞』二〇〇二年九月十日付
(9)『池田大作全集』第一二三巻 三八一〜三八四頁
(10)『池田大作全集』第一二一巻 三六六頁
(11)『池田大作全集』第一二六巻 四六一頁

(12)『池田大作全集』第一二一巻　三七二頁
(13)『池田大作全集』第一二三巻　三八一頁
(14)『聖教新聞』一九九九年五月三十一日付
(15)『池田大作全集』第一二一巻　三六八～三六九頁
(16)『池田大作全集』第一二三巻　三七六～三七七頁
(17)『池田大作全集』第一二三巻　三七七頁
(18)『池田大作全集』第一二一巻　三六七頁
(19)『聖教新聞』二〇〇〇年十月二十三日付
(20)『池田大作全集』第一二三巻　三七九～三八〇頁
(21)『池田大作全集』第一二六巻　四六四～四六五頁
(22)『池田大作全集』第一二三巻　三八二頁
(23)『聖教新聞』二〇〇二年一月十四日付

第七章　周恩来・池田大作精神の継承・発展

（高橋　強）

日中友好促進と「周恩来と池田大作」精神

日中友好の「周恩来と池田大作」の精神に学ぶ

日中国交正常化および日中友好促進《そくしん》の過程で大きな役割を果たした、二人の業績やその精神に関して、それをとどめようとする書籍が発刊されている。その代表的なものが南開《なんかい》大学の研究者が編集した『周恩来と池田大作』（二〇〇一年）、『周恩来、池田大作と中日友好』（二〇〇六年）、『周恩来・鄧穎超と池田大作』（南開大学出版社二〇一一年、本書の原著）、天津社会科学院編集の『中日関係における周恩来と池田大作』（二〇〇六年）、『中国指導者と池田大作の会見』（二〇〇九年）であろう。これらの大半は、中国共産党史や国家指導者研究の権威である中央文献出版社から出版された。

これら書籍の中でとくに『周恩来、池田大作と中日友好』においては、二十一世紀の中日関係をいかに強化し、また世々代々の友好関係を、いかに継続させていくかという観点から、二人に学ぶべき貴重な精神遺産として、次の三点をあげている。[1]
　第一は、正しい歴史観を確立することが中日友好の前提と基礎である。第二は、世界平和と友好という大局が原点である。第三は、民間外交を通じて、中日両国の世々代々の友好を促進すること。以上が二人の共通目標である。以下、それぞれを紹介する。

正しい歴史観を確立することが日中友好の前提と基礎

　周総理は、中国の抗日戦争を指揮し、その中で日本軍国主義が中国で行ったさまざまな悪行《あくぎょう》を目にしてきた。しかし、周総理は、中日両国間では二千年の長きにわたって良好な関係が続き、東方文明に絶大な貢献《こうけん》がなされてきたことに注目していた。

　歴史的な視点で中日関係を見れば、平和と友好こそが歴史の主流であり、日本軍国主義が行った中国侵略は、一時の逆流にすぎないと認識していたのである。周総理は、偏狭《へんきょう》な民族主義の感情にとらわれることなく、広い視野で中日関係の歴史を捉《とら》え、客観的、理性的な態度で両国間に存在する問題に対し、新しい道を導いてきた。

　池田会長も「歴史は鏡です。（中略）ゆがんだ歴史観の国は、ゆがんだ鏡に、ゆがんだ自分の顔を見ているようなもの」と述べ、正しい歴史観の重要性を強調している。[2]

池田会長はさらに、日本の軍国主義の中国侵略について、深く受け止め反省の上から次のように述べている。[3]

「明治以来、日中両国が平等の立場で友好を結んだことは一度もなかった。常に日本が中国を虐《しいた》げてきた。数千年来、あらゆる恩恵《おんけい》を受けてきた恩人の国に、『恩を返す』どころか、言語に絶する非道《ひどう》を重《かさ》ねた。償《つぐな》いきれる日は永遠にない。（中略）しかも、戦後も中国の人々に謝罪すらせず、アメリカに追随《ついずい》して、敵視政策《てきしせいさく》を続けた。中国の国連加盟《かめい》を最後まで妨害《ぼうがい》したのも日本であった。（中略）道理が見えない」と。

池田会長は、中国の歴史と文化に対して、深い敬意の念を抱《いだ》き、中国を日本文化の「恩人の国」として、次のように捉《とら》えている。[4]

「中国は日本にとって大恩のある国であり、二千年来、日本は中国文明の恩恵を受けてきた。私たちが信仰している仏教もまた貴国《きこく》から伝わったものです」。

世界平和と友好という大局が原点

周総理は、両国人民がこのまま〝戦争状態〟を続ければ、東アジア地域、ひいては全世界の政治的動揺《どうよう》をもたらすので、それを防ぐためにも中日関係の歴史を冷静に、深く認識することが必要である、と考えていた。

周総理は中日戦争を経験し、また新中国成立以来、数々の中日関係の矛盾《むじゅん》に直面しても、日本に対する友好的な態度を変えることがなかったのである。池田会長との会見でも、周総理は世界平和という視点にたって、次のように語っている。

「二十世紀の最後の二十五年間は、世界にとって最も大事な時期です。すべての国が平等な立場で助け合わなければなりません」と。

池田会長も世界平和について、「三十五年前の六八年、私は『日中国交正常化』の提言を行った。当時、日中両国が友好関係をなしえなければ、アジアの平和や安定はありえない、ひいては世界平和の実現は不可能であると考えていたからである」と述べている。

世界平和を実現するために、周総理と池田会長は同様に、さらに次の二点を強調している。

第一点目は、国家間や人間同士においては、独立、平等が必要である、ということである。周総理は一九五二年、アジア・アフリカ諸国に対して、「〝以大事小《いだいじしょう》〟との如《ごと》く心に広さをもち、彼らの民族の自尊心や感情を尊重しなければならない」と述べ、またバンドン会議においては「すべての国家は大小の分け隔《へだ》てなく一律《いちりつ》平等である」と主張している。

一方、池田会長は、〝平等〟と〝慈悲《じひ》〟は国際人、世界市民、二十一世紀人類の条件となると捉《とら》えている。そして〝すべての人に愛をもって接するということは、すなわち慈悲の心の存在が必要で、慈悲の心が拡大すればするほど、平和は近くなってくる〟と述べ、青年に対し、〝平等〟と〝慈悲〟をもって世界に目を向け〝国際人〟をめざすことを強調している。[6]

第二点目は、国家間や人間同士においては、〝求同存異《きゅうどうそんい》（小異を残して大同につく）〟〝和《わ》睦相処《ぼくそうしょ》（睦《むつ》まじく共存する）〟が必要である、ということである。

周総理はバンドン会議において〝我々は共通点を求めて来たのであり、異論を述べに来たのでない〟〝我々の会議は求同存異であるべきだ〟を強調している。

一方、池田会長はこの周総理の〝求同存異〟という智慧を大変に称賛《しょうさん》して、〝意見の不一致というのは当然のことであるが、対話を通して共通点を探し出し、さらに価値ある建設的な関係を構築してゆく、これこそが周恩来の外交哲学である〟と述べている。[7]

民間外交を通じて、日中両国の友好を推進する

日中間で最も早く「民間外交」の重要性を主張し始めたのは、周総理であった。新中国

建国当初から、多くの演説の中で表明していた。五七年には、周総理の「民間外交」理念は明確になっている。ある談話の中で、中日国交回復の難しい局面を打開するためには、「我々としてはまず中日両国人民が民間レベルでの外交を進め、次にこれを半公式外交に進めることが、アメリカの日本に対する牽制《けんせい》を打ち破ることにつながると考えている」と述べている。

周総理の対日外交問題に対処する着眼は、日本の多くの人民に向けられていた。これが周総理の民間外交理念の精髄《せいずい》に他ならない。まさに「以民促官《いみんそくかん》」（民を以《もっ》て官を促《うなが》す）理念である。

民間外交の理念に基づいて、中日国交正常化に至ったとき、周総理は中国政府を代表して日本の戦争賠償《ばいしょう》を放棄《ほうき》し、「我が国は賠償を要求しない。日本人民と我が国の人民は同様に日本の軍国主義の犠牲者《ぎせいしゃ》である。賠償を要求するなら、同様に被害者である日本人民にも支払う必要が出てくる」と述べた。

日本の中国侵略によって、中国ではおよそ三千五百万人が死傷しており、直接、間接の経済損失は合計六千億米ドルに達していた。

周総理は魯迅《ろじん》の詩「千人の批判に抗《こう》し、首を垂《た》れ甘んじて子供たちの牛になろう（革命者が敵を憎み、人民を愛する極めて鮮明な立場をいう）」を座右の銘《めい》として次のように述べる。

「人民に対して、子供たちに対するように牛にならねばならない。誠実に懇《ねんご》ろに人民に奉仕しなければならない。……
牛のように努力奮闘《ふんとう》し、団結して人民に奉仕して死なねばならない」と。

〝人民に奉仕する〟は周総理の生涯の精神である。[8]

池田会長が六八年に発表した「日中国交正常化提言」の基本精神と周総理の理念は、完全に一致している。[9] 池田会長は同提言の中で、日本政府が、一九五二年に台湾の政府との間に日華《にっか》条約が結ばれていることを根拠に、日中講和問題は解決されている、という立場をとっていることに対して次のように述べている。

「これは大陸・中国の七億一千万民衆を、まるで存在しないかのごとく無視した観念論にすぎない。およそ国交の正常化とは、相互の国民同士が、互いに理解しあい交流しあって相互の利益を増進し、ひいては世界平和の推進に貢献することができて、初めて意義をもつものであります」と。

池田会長はさらに「両国の民衆こそが実像であり、『国家と国家』ではなく『民衆と民衆』の視点に立たなければ現状の打開はない」との理念に立って、文化、教育交流の推進を通し、日中民間外交の発展を推進してきた。

池田会長の周総理の民間外交理念に対する理解は深く、「以民促官《いみんそくかん》（民を以《もっ》て官を促《うなが》す）

第５次訪中の折、少女に語りかける池田会長（1980年４月、北京・北海公園）
© Seikyo Shimbun

は、周総理の日本への一貫した対応であり、いつどこにかかわらず、周総理は中日友好の基礎を、民衆を根本とする方針に置いたのである」と語り、将来の日中関係について次のように述べている。

「最も重要なことは相互に信頼し、互いに信義を貫き、〝人民のために〟をもって相互の理解と尊重をしていくことであり、これらを基礎とし、ともに未来に向かっていくことである。政治と経済の次元も重要ではあるが、しかし、さらに深い次元として民衆の意思を大切にした上で交流を進めていくことができれば、さらに真実の相互理解が深まっていくのである」と。

さらに池田会長は周総理の〝人民のために〟を高く評価し、次のように述べる。

「周総理の〝民衆奉仕〟の哲学と行動を、私はこれまで何度も青年たちにスピーチしてきました。人のため、社会のために生きる。それが人間にとっての基本であります。人に尽くすことこそ、じつは自分を生かす道であり、他の人をかえりみないことは、じつは自分自身をも傷つけていることなのであります」と。

日中教育交流を通して

未来の日中友好を担う多くの両国の青年たちは、この周総理と池田会長の偉大な精神を継承しようとさまざまな取り組みを始めている。

ここでは周総理の母校である南開《なんかい》大学と、池田会長が創立した創価大学を中心として、その一端を紹介する。

南開大学での取り組み

現在、南開大学には、中国でトップクラスの周恩来研究の学術機関がある。周総理逝去《せいきょ》（一九七六年）から二年後の七八年、中国の教育機関では初めて南開大学（歴史学院）に「周恩来研究室」が設立された。九七年に「周恩来研究センター」に発展し、今日に至っている。

八八年十月十八日、同研究センターは周総理生誕九十周年を記念して南開大学で「第一回　周恩来研究国際学術フォーラム」を開催し、また十年後の九八年には「第二回　周恩来研究国際学術フォーラム」を開催した。これら二回とも創価大学からの参加者があった。九八年、同研究センターの王永祥《おうえいしょう》所長等が創価大学を訪問し、両大学間において新たな学術交流が始まった。

二〇〇一年、同研究センターが『周恩来与池田大作』（王永祥主編）を発刊、創価大学の研究グループ「周恩来・鄧穎超研究会」が日本語に翻訳し『周恩来と池田大作』として出版している。また二〇〇六年には、同研究センターから『周恩来、池田大作与中日友好』（孔繁豊、紀亜光著）が発刊され、前述の「周恩来・鄧穎超研究会」から日本語版『周恩来、池田大作と中日友好』が出版された。さらに二〇一一年には『周恩来、鄧穎超与池田大作』（孔繁豊、紀亜光著、本書の原著）が発刊された。

「周恩来・池田大作研究会」の発足

南開大学の研究者におけるこのような動きは、学生の間にも影響を及ぼした。二〇〇五年四月二日、同研究センターの紀亜光《きあこう》副教授を中心として、月に一度の読書会が開始された。それから一年後、二〇〇六年に南開大学学生サークル「周恩来・池田大作研究会」（以下、周池会《しゅういけかい》）が発足した。今日に至るまで、同研究会は創価大学や創価女子短期大学の中国研究会（学生クラブ）、および日本の各種日中友好交流協会等と幾度も交流を重ねて《かさ》いる。

二〇〇九年、周総理と池田会長の歴史的会見から三十五星霜《せいそう》が過ぎた、その年の十二月五日に南開大学にて、第一回「周恩来・池田大作思想国際青年学術シンポジウム」を開催した。同シンポジウムには、遼寧《りょうねい》師範《しはん》大学の学生サークル「池田思想研究会」（二〇〇八年設立）や留学中の創価大学の学生等、約百名も参加し、日中青年交流の新たな歴史を開いた。

シンポジウムの模様は、中国政府、新華社《しんかしゃ》のインターネットサイト等で報道された。

南開大学で開催された第１回「周恩来・池田大作思想国際青年学術シンポジウム」
（中国・天津、2009 年 12 月）　© Seikyo Shimbun

発表された主な論文のテーマは、

「周恩来、池田大作の人格的魅力の形成およびその体現」

「池田大作の三位一体《さんみいったい》教育思想および政治思想教育への啓発」

「中日友好の橋をかける人・池田大作の思想に見る青年の中日友好への重要な力」

「青少年への中日友好教育」

「グローバル時代における中日関係の動向分析——青年教育の意義とその方法」等であった。

　第二回「周恩来・池田大作思想国際青年学術シンポジウム」開催（二〇一〇年八月）に際しては、大きな進展があった。遼寧師範大学の

「池田思想研究会」が開催し、南開大学の「周恩来・池田大作研究会」を招き、中国留学中の創価大学の学生や日本の教育者グループも参加し、約五十名のシンポジウムとなった。

発表された主な論文テーマは、

「周恩来の対日民間外交思想——淵源《えんげん》、形成、意義」
「民間外交——〝国際人〟の責任、二十一世紀の青年に贈る」
「池田大作の教育目的論の特徴」
「池田大作の人生教育思想研究の総括《そうかつ》」
「青年教育と人格形成——池田大作の青年教育思想の分析評価」
「時代の使命を担い、歴史の責任を負う」等

であった。

周池会はそれまでの諸活動の成果として、雑誌『金の橋』（二〇一一年十一月）を発刊するに至った。内容は、「周恩来、池田研究」「学術的格言」「心の対話」「平和への心の道」「金の橋を共々に構築を」である。日中学生の友好に対する情熱にあふれている。

創価大学の取り組み――「中国研究会」の設立

一九七一年、池田会長は創価大学を創立した。その創立と時を同じくし、同大学に学生サークルである中国研究会が発足した。同研究会は、池田会長が行った「日中国交正常化提言」の影響を受けた学生数名が中心となり、池田会長の提唱した日中間における諸問題に対し、積極的に取り組み、日中友好を自らの手で実現していくことを目的として設立された。

七五年四月、池田会長は、新中国成立後初めて派遣された国費留学生六名を、創価大学に正式に受け入れた。池田会長は、中国国費留学生を自ら歓迎し、前年に周総理と会見した時の模様を詳細に伝えている。同年、池田会長の提案により、中国国費留学生は同研究会や創価大学の学生等と共に「周桜」を植樹した。その後、同研究会はさまざまな機会を通し、中国国費留学生との友好を深めていった。

その中で一つのエピソードがある。それは仮称「日中友好青年畑」という農場の開墾《かいこん》を通し、より深く熱い友情の構築に取り組んだことである。七六年、池田会長はこのことを知り、その農場を訪問し、日中両国のさらなる友誼《ゆうぎ》を祈り、「日中友誼農場」と命名している。また池田会長の提案で、農場で採れた作物を使った会食会「月見乃宴《つきみのえん》」が開催されることになった。

七八年十一月、第三回「月見乃宴」の席上、池田会長は「桜の咲く頃に来日される鄧穎《とうえい》超《ちょう》氏を、花見の会を開いて歓迎しよう」と提案をした。七九年四月、池田会長は、周総理の遺志を継いだ鄧穎超氏の訪日を記念し、「周恩来桜」「鄧穎超桜」を植樹し「周夫婦《めおと》桜」と命名し、その桜のもとで鄧氏の訪日を祝し、第一回「花見の会」を開催した。

「周桜観桜会」のスタート

同研究会は、意義深きこの集《つど》いを後世に伝えて行くために、以後、毎年桜の咲く時期を選び、花見の会を開催していった。創価大学の伝統行事の一つであり、日中民間友好史において深遠な意義をもつ「周桜観桜会《かんおうかい》」のスタートである。今日、創価大学では毎春、「周桜」「周夫婦桜」の見守る中、多くの日中友好人士や市民を招き、中国留学生も含めて学生が中心となり観桜会を運営し、日本舞踊、書初《かきぞ》め、合唱などさまざまなプログラムでもって、日中民間交流における意義深い未来を創造している。

二〇〇七年六月、中国中央テレビにて「桜花時節《おうかじせつ》」が放映された。この番組は、池田会長の平和思想、とくに人間と人間の心と心の交流を重視した人間主義に注目しながら、池田会長が六八年の国交正常化提言、周総理との出会いや文化芸術交流等を通し、日中友好のために、長年尽力してきたことを紹介するドキュメンタリーであった。この中で、周桜観桜会も紹介され高い評価を得ている。この「周桜」は、池田会長と周総理の信義と共鳴の昇華《しょうか》であり、また万代《ばんだい》にわたる、日中友好「金の橋」の桜花爛漫《らんまん》たる発展の象徴なのである。

この「周桜観桜会」は、今では中国でも開催されるに至っている。南開《なんかい》大学の周池会《しゅういけかい》でも毎年桜の咲くころ「周池賞花会《しょうかかい》」を開催し、周総理と池田会長の精神を受け継ぎながら、中日友好の主体者となる決意を深めている。

二〇一一年、「周池賞花会」は第四回を数え、中国に留学中の多くの日本人学生も参加した。第四回目は、特別な意義がこめられた「賞花会」となった。周池会は、東日本大震災に見舞われた日本の復興への思いを込め、折鶴を贈り、「友よ、希望は〝前〟にある」と題した自作の詩も披露《ひろう》した。周池会を支援する南開大学の教員は「周総理と池田先生の思いを継ぐ皆さんから、互いを思いやり、助け合う慈悲と平和の心を広げてほしい」と期待した。

同研究会では卒業生の有志が中心となり、周総理と鄧穎超《とうえいちょう》氏の日中友好の精神を継承し推進するために、二〇〇一年「周恩来・鄧穎超研究会」を発足させ、執筆、翻訳活動などをしている。執筆活動としては『周恩来――人民の宰相』（二〇〇四年）、『人民の母――鄧穎超』（二〇〇四年）を発刊し、また翻訳活動としては『周恩来と池田大作』（二〇〇二年）、『周恩来と日本』（二〇〇一年）、『周恩来、池田大作と中日友好』（二〇〇六年）を発刊した。

二〇〇八年三月に南開大学にて開催された、第三回周恩来研究国際学術シンポジウムでは、二人の代表が研究論文「池田大作の心の中の鄧穎超」、「日本の学生の中国観と周恩来観――創価大学の調査を例として――」を発表し、著名な周恩来研究学者と共に討論を展開し、周恩来、鄧穎超精神および哲学をさらに深く探究した。

同研究会は、南開大学の周池会とも相互の交流を続けて、二〇一〇年にはその成果の上にたって、南開大学にて第一回「周恩来・池田大作思想シンポジウム」を開催した。「平和友好、金の橋」をテーマに、両大学の学生が、周総理と池田会長の思想や哲学を通して、教育論や指導者像、青年交流等について論文を発表した。

日中青年交流を通して

池田会長は六八年の提言の中で、アジアと世界の平和と繁栄のために、日中間の青年の友誼《ゆうぎ》、交流に大きな期待を寄せて、次のように述べている。

「やがて諸君たちが社会の中核となったときには、日本の青年も、中国の青年もともに手を取り合い、明るい世界の建設に笑《え》みを交わしながら働いていけるようではなくてはならない。この日本、中国を軸として、アジアのあらゆる民衆が助け合い、守り合っていくようになった時こそ、今日アジアをおおう戦争の残虐《ざんぎゃく》と貧困の暗雲が吹き払われ、希望と幸せの陽光《ようこう》が、燦々《さんさん》と降り注ぐ時代である、と私は言いたいのであります[11]」と。

池田会長はこの思いをもって、日本の青年に語り続けるとともに、中国からの青年代表団とは積極的に会見をしている。池田会長が青年代表団と初めて会見したのは、七五年三月である。周総理との出会いの三カ月後のことであった。青年代表団は、池田会長が「日中国交正常化」提言をした記念すべき会場で、まず創価学会青年部と交流し、池田会長との会見に臨《のぞ》んだのである。この時の池田会長から青年代表団への挨拶《あいさつ》が『新・人間革命』には次のように描かれている。

「ようこそおいでくださいました。将来の中国の指導者となる皆様方を歓迎《かんげい》することができて光栄《こうえい》です。（中略）

私たちが開いた日中友好の道を、やがて、何百万の青年が、喜々《きき》として往来《おうらい》していくでしょう。

そのための私たちの交流です。現在の一歩一歩の歩みが、一回一回の語らいが、新しい日中の歴史を開いているんです。

皆さんは先駆者《せんくしゃ》です。今は実感できなくとも、後《あと》になればなるほど、その意味がよくわかるものです。どうか青年として、歴史を担《にな》う気概《きがい》と誇《ほこ》りをもって進んでください[12]」。

同年四月、戦後の日中青年の教育交流において、画期的《かっきてき》な出来事があった。それは池田会長が、新中国建国後初めて派遣されてきた国費留学生六名を、自身が創立した創価大学に、日本の大学としては初めて正式に受け入れたのである。池田会長は、留学生が創価大学の学生寮《がくせいりょう》に入る入寮式に参加し、日中の学生に次のような期待を述べたことが、同じく『新・人間革命』に描かれている。

「本日は、中国の未来を担う優秀な友を迎える最も記念すべき歴史的な日であります。

（中略）

青年時代の一年一年は貴重《きちょう》です。黄金《おうごん》にも匹敵《ひってき》します。どうか、留学生の皆さんは、在学中に広く日本文化を学習するとともに、人格の完成をめざし、有意義《ゆうい ぎ》な学生生活を送ってください。

また、日本の皆さんは、この留学生との友情を軸《じく》にして、未来永劫《えいごう》にわたって中国の友人となり、強く美しい絆《きずな》で結ばれた、友誼《ゆう ぎ》の歴史を築いていっていただきたい。

それこそが、この寮で学ぶ、人生の大きな財産となります。もはや、友情は世界に広がらねばならない時代です」[13]と。

その後も幾度となく会見の機会を設けるが、特筆すべきは八五年の胡錦濤《こきんとう》・全青連主席を団長とした青年代表団との会見であった。その中で注目すべきは、全青連と創価学会青年部との間に、正式な交流議定書が結ばれたことである。

創価学会青年部はこれまで、訪中して招聘元《しょうへいもと》の全青連と友好を深めるほか、北京大学、南開《なんかい》大学や青年政治学院等の高等教育機関を表敬訪問。日中平和友好座談会等の開催や、許嘉璐《きょ か ろ》・全人代副委員長や周強《しゅうきょう》・中国共産主義青年団第一書記等の国家の要人との会見、周総理ゆかりの人物（例えば池田会長と周総理との会見通訳を務めた林麗韞《りんれいうん》氏等）や場所（例えば周恩来・鄧穎超《とうえいちょう》記念館等）の訪問など、実際の青年交流を通して、日中友好のバトンを受け継ぎ、周総理と池田会長の精神を学んでいった。

日本国内においても、積極的に活動を展開していった。二〇〇二年には、創価学会青年部は周総理の精神を広く紹介するために「周恩来展」を開催し、名古屋、東京、沖縄、福岡、香川、横浜、京都など十一都市を巡回し、参観者は百三十万人を超えた。

二〇一〇年には、全青連との交流議定書締結《ていけつ》二十五周年を記念して、さらに有意義な訪中が行われた。清華《せいか》大学、北京城市《じょうし》学院や陝西師範《せんせいしはん》大学の訪問。とくに陝西師範大学では「池田大作・香峯子《かねこ》研究シンポジウム」を開催。曹衛洲《そうえいしゅう》・全人代常務委員会副秘書長等との会見、中華文化促進会の高占祥《こうせんしょう》主席の講演会開催、西安《せいあん》市政府への表敬訪問、上海《シャンハイ》万博の見学や西安市での一般家庭への訪問など、日中友好の精神を永遠に継承する有意義な機会を得た。

曹副秘書長の挨拶《あいさつ》は、二十五年間にわたる双方の交流を象徴するような内容なので、ここでとくに紹介する。曹副秘書長は、次のように力強く呼びかけた。

「今回の訪中は特別な意味があります。学会青年部と全青連は一段と交流を強め、これからの二十五年、三十五年、そして八十年と、さらなる発展を希望しています」「池田先生は日本の進歩、中日友好のため、世界のために多大な貢献をされました。先生、そして周恩来総理の切《せつ》なる思いに応えて、私たちの手で中日友好事業を切り開いていこうではありませんか」「池田先生に多くのことを学んでいる皆様が、さらに活躍されることを期待しています[14]」と。

全青連も積極的に訪日団を派遣し、招聘元《しょうへいもと》の創価学会青年部との友誼《ゆうぎ》を深めるほか、池田会長が中国を含めた世界的な文化芸術交流を推進するために創立した、民主音楽協会や東京富士美術館の訪問、池田会長が創立した創価大学への表敬訪問や、学生との座談会開催、とくに「周桜」「周夫婦桜《めおと》」を参観し周総理の精神を継承するなど、未来の中日友好発展のための基礎を構築していった。

二〇〇九年、翌年の交流議定書締結二十五周年を記念して訪日団が派遣されてきた。団長は倪健《げいけん》・全青連主席補佐であった。倪団長は、八五年の同交流議定書に基づき、八六年、全青連から創価大学に留学した経験がある。

この訪日団の中には、南開《なんかい》大学の周池会《しゅういけかい》の前会長も参加していた。前会長は次のように述べている。

「池田先生と創大の皆さんは、周桜を通し、中国人民との友情を大切にしてこられました。私も先生の心のままに中日の青年交流に頑張ります」と。

これら訪日団員にとって、忘れがたい思い出は池田会長との会見であろう。池田会長は多忙な中、極力時間を割いて青年代表団と会い、一緒に記念写真におさまり、懇談をしている。時には、漢詩や和歌等を贈り、励ましを送り続けている。
二〇〇九年の訪日団に、池田会長が贈った漢詩（日本語訳）は以下の内容である。

「四月の東京　桜花《おうか》開き　最も憶《おも》うは周恩来総理なり。
風雨に動かぬ金の橋在《あ》りて　渡来《とらい》したる青年も新たなる一代なり。
風風雨雨の六十年　一路猛進《いちろもうしん》の全青連。
領袖輩出《りょうしゅうはいしゅつ》して航向《こうこう》を導き　団結せし人才《じんさい》　万万千なり。
本職に立足《りっそく》すとも因循《いんじゅん》ならざりて　拓《ひら》き寛《ひろ》げし知識　日々新たなり。
厳しく己《おのれ》を律して模範を樹《た》て　社会に回饋《かいき》するに愛心有り。
創価交流の歴史長くして　周桜幾度《いくたび》も芬芳《ふんぽう》を送る。
千秋万代《せんしゅうばんだい》の永き友好　望みを寄せたる青年　新章を写《つづ》れり。[15]」

【注】

(1) 孔繁豊・紀亜光『周恩来、池田大作と中日友好』白帝社　二〇〇六年九月　二一三～二二一頁
(2) 孔繁豊・紀亜光『周恩来、池田大作と中日友好』前掲　二一六頁
(3) 孔繁豊・紀亜光『周恩来、池田大作と中日友好』前掲　二一七頁
(4) 孔繁豊・紀亜光『周恩来、池田大作と中日友好』前掲　二一六頁
(5) 孔繁豊・紀亜光『周恩来、池田大作と中日友好』前掲　二一九～二二一頁
(6) 「当代中国史研究」一一四頁
(7) 「当代中国史研究」一一四頁
(8) 「当代中国史研究」一一六頁
(9) 王永祥『周恩来与池田大作』中央文献出版社　二〇〇一年三月　八四～八五頁、八八頁
(10) 『聖教新聞』二〇一一年四月三十日付
(11) 池田大作『中国の人間革命』毎日新聞社　一九七四年　二一四頁
(12) 池田大作『新・人間革命二一巻』聖教新聞社　一三四～一三五頁
(13) 池田大作『新・人間革命二一巻』聖教新聞社　一三九～一四〇頁
(14) 『聖教新聞』二〇一〇年八月二十六日付
(15) 『聖教新聞』二〇〇九年四月四日付

編訳者あとがき

本書の執筆を始めて早一冬《はやひとふゆ》を越え、今年もすでに桜花《おうか》の季節を迎えた。今年は日中国交正常化四十周年の佳節《かせつ》の年でもある。先日、隣接《りんせつ》の東京富士美術館で「北京・故宮《こきゅう》博物院展」が開幕した。また創価大学の講堂で「法華経――平和と共生のメッセージ展」（東洋哲学研究所主催）も始まった。五月からは陝西《せんせい》省歌舞劇院《かぶげきいん》「唐代楽舞詩《とうだいがくぶし》」（民主音楽協会主催）の全国公演が始まるという。これらの団体は、本学の創立者、池田大作博士が創立されたもので、創立者がこれまで促進《そくしん》してこられた日中の文化交流が、今盛《いまさか》りと花を咲かせているかのようである。

一方、本学のキャンパスに植樹された「周桜」や「周夫婦《めおと》桜」も、厳冬《げんとう》を越えて今、まさに開花の季節を迎えている。本学の創立者、池田博士と周恩来《しゅうおんらい》総理、同夫人の鄧穎《とうえいちょう》超氏との美しき深淵《しんえん》なる「心」と「心」の往来《おうらい》の込められた「桜」であり、子々孫々《ししそんそん》、世々《せせ》代々《だいだい》にわたる日中友好を願う友誼《ゆうぎ》の「桜」でもある。本書が、この〝友誼の桜〟が私たちの〝心の庭〟に〝永遠〟となる契機《けいき》となれば、望外《ぼうがい》の喜びである。

なお本書は、翻訳や資料収集や編集の過程で、多くの方々の応援をいただいた。とくに中山《ちゅうざん》大学院生（当時）の竹口春菜さん、高橋伸幸さん、同大学現院生の奥田真紀子さん、南開《なんかい》大学院生（当時）の平野由季さん、同大学本科生（当時）の紙谷正昭さんに、また第三文明社書籍編集部の方々に心から感謝を申し上げたい。

二〇一二年四月二日　「桜花縁《おうかのえにし》」聞こゆ創価大学キャンパスにて

高橋　強

著　者
孔繁豊（南開大学周恩来研究センター前所長、教授）
紀亜光（南開大学周恩来研究センター前秘書長、同大学マルクス
　　　主義教育学院院長、教授）
高橋 強（創価大学文学部教授〈編訳〉）

周恩来《しゅうおんらい》・鄧穎超《とうえいちょう》と池田大作《いけだだいさく》

2012年5月3日　初版第1刷発行

著　　者　孔繁豊《こうはんほう》　紀亜光《きあこう》　高橋 強《たかはしつよし》（編訳）
発 行 者　大島光明
発 行 所　株式会社　第三文明社
　　　　　東京都新宿区新宿1-23-5
郵便番号　160-0022
電話番号　03-5269-7145（営業代表）
　　　　　03-5269-7154（編集代表）
振替口座　00150-3-117823
U　R　L　http://www.daisanbunmei.co.jp
印 刷 所　明和印刷株式会社
製 本 所　株式会社 星共社

ISBN 978-4-476-06218-2